Handbuch Gender-Kompetenz

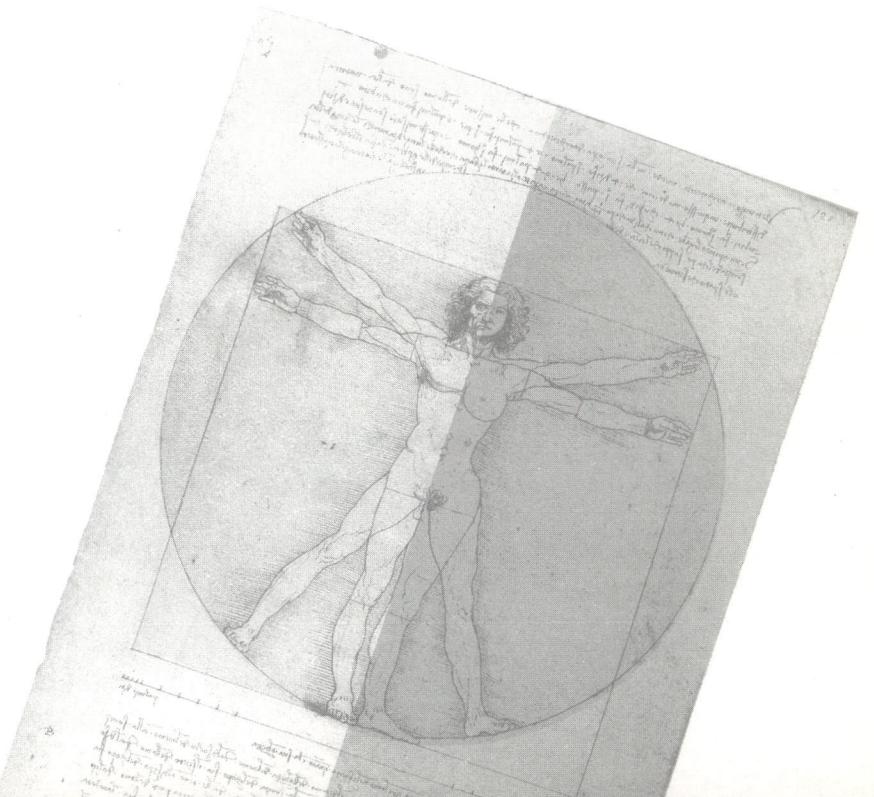

 vdf Hochschulverlag AG an der ETH Zürich

Handbuch Gender-Kompetenz

Ein Praxisleitfaden
für (Fach-)Hochschulen

Brigitte Liebig
Edith Rosenkranz-Fallegger
Ursula Meyerhofer
(Hrsg.)

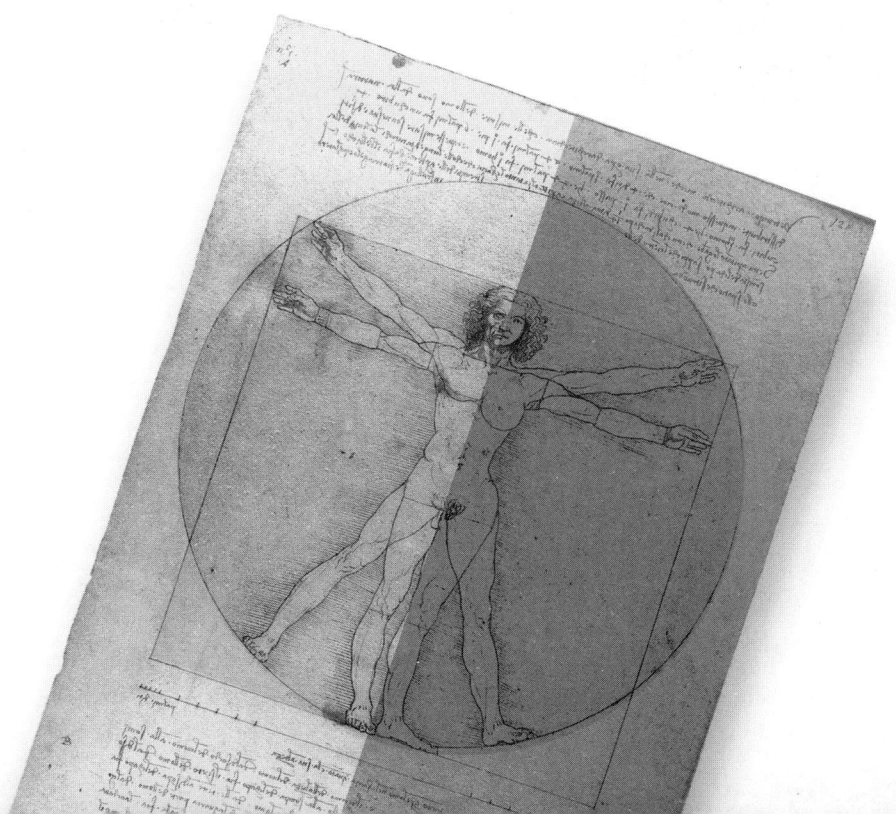

Das Werk einschliesslich aller seiner Teile ist urheberrechtlich geschützt. Jede Verwertung ausserhalb der engen Grenzen des Urheberrechtsgesetzes ist ohne Zustimmung des Verlages unzulässig und strafbar. Das gilt besonders für Vervielfältigungen, Übersetzungen, Mikroverfilmungen und die Einspeicherung und Verarbeitung in elektronischen Systemen.

**Bibliografische Information
der Deutschen Nationalbibliothek**

Die Deutsche Nationalbibliothek verzeichnet diese Publikation in der Deutschen Nationalbibliografie; detaillierte bibliografische Daten sind im Internet über http://dnb.d-nb.de abrufbar.

Coverabbildung: Bildmotiv von Lucia Gogniat-Lauener nach Leonardo da Vincis ‚Homo vitruvius'

© 2009, vdf Hochschulverlag AG an der ETH Zürich
ISBN 978-3-7281-3220-8

www.vdf.ethz.ch
verlag@vdf.ethz.ch

Inhaltsverzeichnis

Vorwort 3
URSULA RENOLD/RICHARD BÜHRER

Handbuch Gender-Kompetenz: Einleitung und Überblick 7
BRIGITTE LIEBIG

1 Zum Nutzen von Gender-Kompetenz für Hochschulen 11

Gender-Kompetenz als Wettbewerbsvorteil für die Fachhochschule   12
RUTH FREIBURGHAUS

Studiengänge im Bereich Gender Studies: Gender-Kompetenz
und Berufsperspektiven 20
MONIQUE DUPUIS

2 Gender-Kompetenz: Eine theoretische und begriffliche Eingrenzung 29

EDITH ROSENKRANZ-FALLEGGER

3 Gender-Kompetenz: Eine Anleitung zur Selbstevaluation für Hochschulen und ihre Mitarbeitenden 49

BRIGITTE LIEBIG UND EDITH ROSENKRANZ-FALLEGGER

4 Gender-Kompetenz an Hochschulen: Praxisbeispiele................ 71

Gender-Kompetenz der Hochschulen

Zur Umsetzung des Frauenförderplans an der Hochschule
für Technik und Wirtschaft HTW Dresden.................................... 72
MARY PEPCHINSKI

Das Potenzial der Frauen ausschöpfen! 83
INTERVIEW MIT JÜRG CHRISTENER

Studienabbruchtypen in den Ingenieurwissenschaften 90
ANDREA WOLFFRAM, WIBKE DERBOVEN UND GABRIELE WINKER

Managing Gender und Kulturwandel in der Praxis:
Perspektiven einer Gleichstellungsbeauftragten 98
URSULA MEYERHOFER

Gender-Kompetenz in den Leistungsbereichen der Fachhochschulen

Gender-Kompetenz in der Lehre: Das Beispiel der Hochschule
für Technik FHNW 109
JULIA K. KUARK

Gender-kompetente Forschung als geschlechtergerechte Forschung:
Das Beispiel der Hochschule für Soziale Arbeit FHNW 116
SIBYLLE NIDERÖST

Gender-Kompetenz in der Beratung: Das Beispiel der Hochschule
für Wirtschaft FHNW 123
NATHALIE AMSTUTZ UND GUY OCHSENBEIN

Literatur 131
Zu den AutorInnen und Herausgeberinnen 141

Vorwort

Chancengleichheit geht uns alle an. Alle Menschen – gleichgültig ob Frau oder Mann – sollen die gleichen Lebenschancen und die gleichen Zugangsmöglichkeiten dazu haben. Gleicher Zugang zu Bereichen wie Bildung, Beruf, Gesundheit, Verwaltungs- und Führungspositionen für Frauen und Männer muss zur Selbstverständlichkeit werden.
Unsere Bundesverfassung schafft die gesetzliche Grundlage für die Gleichberechtigung: Sie verknüpft das Gleichstellungsgebot mit dem Diskriminierungsverbot. Das Fachhochschulgesetz konkretisiert dieses Grundrecht, indem es festschreibt, dass die Fachhochschulen bei der Erfüllung ihrer Aufgaben für die tatsächliche Gleichstellung von Frauen und Männern sorgen.
Wie aber können sie die Brücke von der Theorie zur Umsetzung der Chancengleichheit bauen? Mit dem ‚Bundesprogramm Chancengleichheit von Frauen und Männern an den Fachhochschulen' samt Aktionsplänen wurde in den vergangenen Jahren viel getan. Doch ein Blick auf den Hochschulalltag zeigt: Noch immer sind Frauen in den technischen Disziplinen untervertreten. Noch immer wählen viel weniger Männer als Frauen ein Studium in Bereichen wie Gesundheit, Gestaltung und Kunst oder soziale Arbeit. Und noch immer fehlt die paritätische Vertretung der Frauen auf Ebene des Hochschul-Managements. Insgesamt ist das Potenzial der Frauen immer noch zu wenig ausgeschöpft.
Ein Grund dafür liegt wohl darin, dass sich tradiertes Handeln im Laufe der Zeit nicht nur in unseren Köpfen, sondern auch in den Strukturen und Kulturen der Hochschulen festgesetzt hat und auch heute noch reproduziert wird – wenn auch häufig unbewusst. Zudem fehlte bislang eine anwendungsorientierte ‚Übersetzungshilfe' zwischen rechtlicher und tatsächlicher Gleichstellung. Diese kann nur erreicht werden, wenn alle Mitarbeitenden innerhalb einer Organisation über Gender-Kompetenz verfügen.
Das vorliegende Handbuch ist ein Beitrag zur Förderung von Gender-Kompetenz an den Fachhochschulen. Angesprochen sind nicht nur die Leitungsebene, sondern auch die Mitarbeitenden und die Studierenden. Nur wer um die Unterschiede der Geschlechterverhältnisse weiss und die-

ses Wissen ins tägliche Handeln einbringt und transformiert, vermeidet Diskriminierung, sorgt für die tatsächliche Gleichstellung und wirkt aktiv an der Gewährleistung von Chancengleichheit mit. Ich bin überzeugt: Unsere Anstrengungen werden sich lohnen – nicht nur für die Frauen und Männer selbst, sondern auch für unsere Wirtschaft und Gesellschaft. Denn Chancengleichheit geht uns alle an!

Dr. Ursula Renold
Direktorin Bundesamt für Berufsbildung und Technologie (BBT)

Vorwort

Dank der Kooperation mit dem Bundesamt für Berufsbildung und Technologie (BBT) kann die Fachhochschule Nordwestschweiz (FHNW) ihre Kompetenz für Gender-Themen ausweisen: Das vorliegende Handbuch zeigt auf, was unter Gender-Kompetenz im Hochschul-Management wie auch in den drei Leistungsbereichen Aus- und Weiterbildung, Forschung und Entwicklung sowie Dienstleistung und Beratung zu verstehen ist. Das Handbuch schliesst damit die Lücke, Gender-Kompetenz für Hochschulen anwendungsfähig zu machen.

Die europäische Kompetenzdiskussion im tertiären Bildungssektor ist Basis für die Anwendung von Gender-Kompetenz in der Schweiz. Als Verbindungsglied zu den Fachhochschulen dient die Kompetenzdefinition der Rektorenkonferenz der Fachhochschulen der Schweiz (KFH). Damit sind die Bedingungen geschaffen, Gender-Kompetenz langfristig auch im nationalen Qualifikationsrahmen zu verankern.

Für die Anwendung von Gender-Kompetenz im Hochschulalltag sind dem Handbuch Checklisten beigefügt. Sie sind – zusammen mit der Gender-Analyse, die sich an die Führungsebene richtet – Instrumente zur Qualitätssicherung und -entwicklung der Kernaufgaben von Hochschulen. Die Checklisten ermöglichen es, mittels einer Selbstevaluation die eigene Gender-Kompetenz als Lehrperson sowie aktiv im Forschungs- und Beratungsprozess zu prüfen.

Gender-Kompetenz an Fachhochschulen wirkt sich letztlich auch auf unsere Studierenden aus: Sie sind im Berufsleben Vorbilder und treten prägend in Erscheinung. Auch aus diesem Grund kommt unseren Ausbildungsinstitutionen eine hohe Verantwortung für dieses Thema zu. Eine Hinleitung zur Selbstentwicklung möchten wir mit dem Handbuch und den – auch als Separatdruck erhältlichen – Checklisten geben.

Ich wünsche den Leserinnen und Lesern dieser Publikation viel Erfolg bei der Umsetzung im Hochschulalltag.

Prof. Dr. Richard Bührer
Direktionspräsident Fachhochschule Nordwestschweiz (FHNW)

Handbuch Gender-Kompetenz: Einleitung und Überblick

Brigitte Liebig

Im Zuge der Gleichstellung von Frau und Mann kommt (Fach-)Hochschulen eine zentrale Bedeutung zu. Bis heute existieren jedoch keine verbindlichen Leitlinien und Instrumente, welche die Basis einer nachhaltigen Förderung von Geschlechtergerechtigkeit und Chancengleichheit an den Hochschulen bilden könnten. So betont der vom Bundesamt für Berufsbildung und Technologie (BBT) der Schweiz verfasste Aktionsplan zur ‚Chancengleichheit von Frauen und Männern an Fachhochschulen' auch für die kommenden Jahre die Notwendigkeit umfassender Massnahmen der Geschlechtergleichstellung auf verschiedenen Ebenen des Bildungssystems.

Vor diesem Hintergrund thematisiert das vorliegende Handbuch die ‚Gender-Kompetenz' der Hochschulen. Die Umsetzung von Chancengleichheit schliesst neben Massnahmen auf der Ebene der Personalentwicklung oder Arbeitsorganisation eine grundlegende Sensibilität für Fragestellungen und Probleme ein, die mit Männlichkeit/Weiblichkeit und mit Geschlechterverhältnissen assoziiert sind. Dazu müssen nicht nur die fachlichen und methodischen Kompetenzen der sozialen Akteure und Akteurinnen gestärkt, sondern auch die Geschlechter- und Gleichstellungskultur an den Hochschulen verbessert werden. Erst wenn die Reflexion über Geschlechterkonstruktionen und -verhältnisse integralen Bestandteil des Alltags und der Kultur der Hochschulen bildet, können strukturelle Massnahmen zur Gleichstellung nachhaltig zur Wirkung gelangen.

Was aber bedeutet Gender-Kompetenz im Hochschulkontext? In welcher Weise lässt sich diese Kompetenz im Bereich der Aus- und Weiterbildung, in Forschung & Entwicklung, in Dienstleistung & Beratung und auf der Ebene der Hochschulleitungen fördern und bestimmen? Welche Fragen stellen sich bei der praktischen Umsetzung von Gender-Kompetenz in verschiedenen Hochschulen, ihren Disziplinen und Tätigkeitsfeldern? Fragen wie diese leiteten die Entstehung dieses Handbuchs an.

Gender-Kompetenz

Der Begriff der Gender-Kompetenz hat im Zuge der europäischen Bildungsreformen und der Neudefinition von Ausbildungsprofilen zunehmend an Aufmerksamkeit gewonnen. In der Fachliteratur und in der Praxis finden sich vielfältige Bestimmungsversuche mit unterschiedlichster Reichweite und Ausrichtung. Verbindliche Beschreibungen der mit Gender-Kompetenz verknüpften Wissenselemente, Fähigkeiten und Fertigkeiten sind bisher weder auf universitärer noch auf fachhochschulbezogener Ebene formuliert.

Das Handbuch bietet eine umfassende begrifflich-theoretische wie handlungsorientierte Auseinandersetzung mit Gender-Kompetenz und stellt diese in den Kontext aktueller (inter)nationaler bildungs- und hochschulpolitischer Rahmenbedingungen. Erläutert werden die inhaltlichen, die methodischen und sozialen Aspekte, die Grundlagen einer gender-reflexiven Gestaltung der Lehre, der Forschung & Entwicklung, der Dienstleistungstätigkeiten und des Managements von Hochschulen bilden. Beachtung finden neben gesellschaftlichen und organisationalen Faktoren die sozialen Prozesse und Deutungsmuster, die im Bildungswesen dazu beitragen, dass Differenzen und Ungleichheiten zwischen den Geschlechtern hervorgebracht oder aber ‚ausgeblendet' werden.

Im Rahmen einer ‚Anleitung zur Selbstevaluation' werden im Handbuch zudem Wissen und Instrumente zur Verfügung gestellt, welche die Dozierenden und den wissenschaftlichen Mittelbau der Hochschulen darin unterstützen können, bei der Entwicklung und Durchführung von Aus- und Weiterbildungsangeboten, in Forschungsprojekten oder im Rahmen von Dienstleistungs- und Beratungsaktivitäten gender-sensibel vorzugehen. Für Führungsverantwortliche und Gleichstellungsbeauftragte der Hochschulen bietet der Band eine Vielfalt von Argumenten, praktischen Hinweisen und allgemeinen Leitlinien, welche als Orientierungshilfen für eine nachhaltige Integration von Gender-Kompetenz an den Hochschulen und deren Disziplinen dienen können.

Ein umfassendes Kapitel widmet das Handbuch überdies konkreten Erfahrungen mit der Praxis der Implementierung und Umsetzung von Gender-Kompetenz. An dieser Stelle berichten Personen verschiedenster Funktionen aus nächster Nähe über die vielfältigen Anforderungen, Charakteristika und Hürden eines Hochschulalltags, in dem Fragen zu Geschlecht und Geschlechterverhältnissen in Aktivitäten, Zielsetzungen und Strukturen integriert werden.

Das Handbuch richtet sich am Leistungsauftrag der Fachhochschulen aus, indem es Gender-Kompetenz nicht nur in Forschung und Lehre, sondern auch in Dienstleistung & Beratung thematisiert. Neben den Fachhochschulen (einschliesslich der Kunst- und Musikhochschulen) spricht es aber durchaus auch andere Hochschultypen wie Pädagogische Hochschulen, Universitäten oder Technische Hochschulen an. In seinen Grundlagen bildet es wertvolles Hilfsmittel bei der Planung und Durchführung von Projekten zur Entwicklung von Gender-Kompetenz in allen Fachbereichen und Disziplinen. Im Rahmen von Aus- und Weiterbildungsangeboten für Mitarbeitende und Führungsverantwortliche der Hochschulen kann es als Hintergrundwissen wie als Unterrichtsmaterial verwendet werden.

Mit der Anwendung des Handbuchs und dessen gezielter ‚Übersetzung' in verschiedene Hochschulkontexte ergeben sich vielfältige Entwicklungschancen für den tertiären Bildungsbereich. Die Beiträge in diesem Band verdeutlichen, dass die reflexive Auseinandersetzung mit Geschlechterverhältnissen, mit Auffassungen zu ‚Männlichkeit' und ‚Weiblichkeit', eine unverzichtbare Ressource für eine nachhaltige, auf Chancengleichheit zielende Hochschulentwicklung bildet. Sie verweisen auf die Bedeutung von gender-bezogenem Wissen für die Verbesserung der Qualität des Ausbildungsangebotes, für die Positionierung der (Fach-)Hochschulen im Wettbewerb um (inter)nationale Auftragsgelder und die Stärkung ihrer Innovationsfähigkeit. Damit unterstützt und ergänzt das Handbuch Strategien der Förderung und Umsetzung von Gleichstellungs-Qualitätskriterien an Fachhochschulen und trägt nachhaltig zur gesetzlich geforderten Gleichstellung der Geschlechter bei.

Dank

Das ‚Handbuch Gender-Kompetenz' wurde in über drei Jahre dauernder Arbeit und im engen Austausch mit Fachkräften entwickelt, die den Alltag der Fachhochschulen prägen und gestalten. Die Praxisnähe der hier vorgestellten Beiträge stellt ganz wesentlich auf deren kritisch-konstruktiven Rückmeldungen, Ratschlägen und Informationen ab, wofür wir ihnen ganz herzlich danken. Insbesondere möchten wir an dieser Stelle auch jene Dozierenden und Führungskräfte erwähnen, die in mehrfachen Workshops die für dieses Buch zentralen Checklisten zur Selbstevaluation mitentwickelt haben.

Ein ganz besonderer Dank geht an Ruth Freiburghaus, die als Gleichstellungsbeauftragte der Fachhochschule Nordwestschweiz (FHNW) dieses Handbuch mit mir gemeinsam initiierte und dessen Entstehen mit grossem Engagement begleitete. Ihre alltagsnahen Erfahrungen mit Gleichstellungsprozessen im Hochschulkontext, ihr Wissen um die damit verknüpften Herausforderungen und ihre Pragmatik im Umgang mit akademischen Fragen waren unersetzlich für das Gelingen dieses Projekts.

Als unsere Mitarbeiterin in einer ersten Phase des Projekts hat Michèle Spieler wertvolle Vorarbeiten geleistet. Nathalie Amstutz (Hochschule für Wirtschaft der FHNW) und Nadja Ramsauer (Fachstelle Gender Studies der Zürcher Hochschule für Angewandte Wissenschaften) danken wir für ihre geduldige und gewissenhafte fachliche Begleitung unserer Arbeit. Und nicht zuletzt gilt unser Dank dem Bundesamt für Berufsbildung und Technologie sowie der Fachhochschule Nordwestschweiz, deren finanzielle Unterstützung die Erarbeitung und Publikation dieses Handbuchs ermöglichte.

1
Zum Nutzen von Gender-Kompetenz für Hochschulen

Warum lohnt sich Gender-Kompetenz für die (Fach-)Hochschulen und für ihre Studierenden? In diesem Kapitel finden sich zahlreiche gute Argumente zur Förderung und Verankerung von Gender-Kompetenz in der Hochschulorganisation und in der Aus- und Weiterbildung!

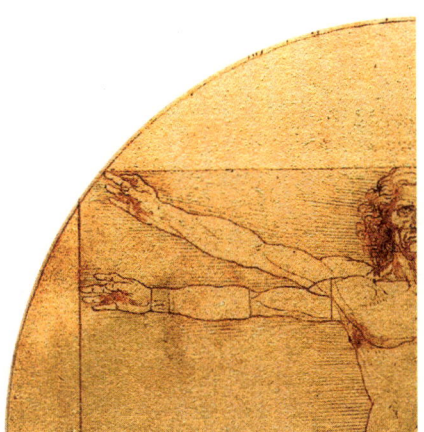

Gender-Kompetenz als Wettbewerbsvorteil für die Fachhochschule

Ruth Freiburghaus

In diesen Ausführungen wird gezeigt, dass eine umfassende Gleichstellungsarbeit an einer Fachhochschule im Sinne des ‚*Gender Mainstreaming*' auf Gender-Kompetenz der Mitarbeitenden angewiesen ist. Umgekehrt gilt aber auch, dass Gender-Kompetenz ohne ein Konzept für eine systematische Gleichstellungsarbeit wenig bringt. Eine noch so ausgeprägte Gender-Kompetenz einzelner Fachpersonen vermag wenig zu bewirken, wenn das Umfeld dafür kein Verständnis zeigt, keine Unterstützung bietet, keine entsprechenden Anstrengungen unternimmt. Beide miteinander tragen zur Qualität des Arbeitsumfeldes an der Fachhochschule bei, aber auch zur Qualität der Leistung und zum Nutzen der Fachhochschule für die wirtschaftliche und gesellschaftliche Entwicklung der Schweiz.

Gleichstellung als Pflicht und Chance

Schritt für Schritt fasst die Gleichstellung von Frauen und Männern Fuss an den Fachhochschulen. Wurde das Ziel in der Fachhochschulverordnung 1996 noch im Anhang zu Artikel 11, ‚Zielvorgaben', als letzter Punkt erwähnt, verspricht die Änderung der Verordnung von 2005 die Möglichkeit von Betriebsbeiträgen „an Massnahmen zur tatsächlichen Gleichstellung von Mann und Frau" (Art. 16c bis). Der erste Aktionsplan des Bundesamtes für Berufsbildung und Technologie (BBT) im Rahmen des Bundesprogramms ‚Chancengleichheit an Fachhochschulen' von 2000 bis 2003 führte zur Anstellung von Gleichstellungsbeauftragten an allen sieben Fachhochschulen der Schweiz und zu einer Vielzahl von Projekten; das zweite Aktionsprogramm 2004 bis 2007 brachte eine Konsolidierung der Gleichstellungsarbeit und, dank zahlreicher weiterer Projekte, ein besseres Verständnis der Voraussetzungen für eine nachhaltige Umsetzung der Gleichstellung an den Fachhochschulen. Gleichstellung gewinnt so zunehmend an Gewicht: aufgrund der gesetzlichen Vorgaben und durch die darauf basierende finanzielle Förderung, aber auch durch die in den vergangenen Jahren gewonnenen Erfahrungen und die erzielten Resultate.

Gemäss Aktionsplan 2008 bis 2011 sind nun die Betriebsbeiträge Realität, gestützt auf mehrjährige Vereinbarungen zwischen dem BBT und den einzelnen Fachhochschulen. ‚Chancengleichheit als Qualitätsmerkmal' und ‚Gender-Kompetenz' sind dabei wegweisende Begriffe für die Gleichstellungsarbeit an den Fachhochschulen.[1] An deren Klärung ist die FHNW mit eigenen Projekten massgeblich beteiligt (vgl. Barben 2003a sowie die vorliegende Publikation).

Diese Entwicklungen geben all jenen Auftrieb, die sich für die Gleichstellung an Fachhochschulen engagieren. Für die Verantwortlichen im Hochschul-Management jedoch ist die Gleichstellung nur ein Thema unter vielen und bei Weitem nicht das wichtigste. Finanzielle Vorgaben bzw. Engpässe, der Wettbewerb um Studierende und Forschungsgelder, die Umsetzung der Bologna-Reform und die damit verbundene Akkreditierung, die Realisierung von Master-Studiengängen, das Streben nach Anerkennung der Gleichwertigkeit mit den Universitäten, Fusionen und Neuorganisationen – zahlreich sind die Problem- und Konfliktfelder, welche Aufmerksamkeit und Ressourcen beanspruchen. Gleichstellung wird daneben als „nüchterne, wenn auch nicht gerade lästige Pflicht" gesehen, so der Verfasser der Evaluation der Gleichstellungsarbeit an der FHNW im Jahr 2005, Hans-Rudolf Schulz, „die man allenfalls erst realisiert, wenn man darauf aufmerksam gemacht wird" (Schulz/Freiburghaus 2005). Zwar gibt es dafür finanzielle Unterstützung vom BBT, doch wird auch der Einsatz von Eigenmitteln vorausgesetzt. Um trotzdem etwas zu bewirken, gilt es also, den Nutzen von Gleichstellung für die Fachhochschule darzustellen und ein aktives Engagement überzeugend zu begründen. Die Argumente für den möglichen Beitrag der Gleichstellung zum Unternehmenserfolg sind nicht von der Hand zu weisen:

- Eine Fachhochschule, die Frauen und Minderheiten fördert, gewinnt als Bildungsinstitution an Attraktivität im Wettbewerb um Studierende.
- Absolventinnen und Absolventen tragen die erlebte Organisationskultur weiter: Sie haben im Arbeitsmarkt bessere Chancen und sie fördern die Gleichstellungskultur in Wirtschaft und Gesellschaft.
- Die Fachhochschule schafft sich damit in der Öffentlichkeit ein positives Image.
- Sie ist auch attraktiv als Arbeitgeberin und zieht die besten Arbeitskräfte an.
- Sie verliert weniger Personal durch Stellenwechsel bzw. Mutterschaft und spart dadurch erheblich Kosten ein.

---

1 Vgl. http://www.bbt.admin.ch/themen/hochschulen/00218/00230/index.html?lang=de.

- Sie nutzt das Potenzial aller ihrer Mitarbeiterinnen und Mitarbeiter optimal und gewinnt damit an Qualität wie auch an Leistungsfähigkeit.
- Die Vielfalt der Fachhochschul-Angehörigen, der Mitarbeitenden wie der Studierenden, wirkt sich positiv aus im Sinne kreativer und innovativer Problemlösungen: in Projekten für externe Auftraggeberinnen und Auftraggeber wie auch für die Entwicklung der Fachhochschule selber.
- Dadurch kann sich die Fachhochschule im Auftragsmarkt profilieren, was nicht zuletzt im finanziellen Bereich Folgen hat.

Zu diesem potenziellen Nutzen der Gleichstellung von Frauen und Männern sowie weiterer untervertretener Gruppen im Sinne von ‚Diversity' (Herkunft, Altersgruppen usw.) gibt es eine wachsende Zahl von Studien. Das Thema beschäftigt nicht nur die Hochschulen im In- und Ausland, sondern gewinnt auch in der Wirtschaft und in internationalen Gremien an Aufmerksamkeit. Die Schlüsselfrage dabei lautet inzwischen (European Commission, Directorate General for Research 2006: 14): Wir wissen so viel über die Mechanismen von Benachteiligung und wie man sie bekämpfen sollte – warum gibt es nicht mehr Fortschritte in der Gleichstellung? Noch immer sind in den Führungsgremien und im Kader von Hochschulen sowie Unternehmen die Männer in der Überzahl. Wie kann eine Veränderung gefördert werden, sodass der Nutzen von Gleichstellung vermehrt zum Tragen kommt? Eine gut kommunizierte und im Alltag vorgelebte Vision der obersten Führung in Sachen Gleichstellung ist sicher ein wesentlicher Faktor, genügt aber nicht.

Gleichstellung und Gender-Kompetenz

Was braucht es also, damit in einer Fachhochschule alle Verantwortlichen, nicht nur die entsprechend ‚Beauftragten', Gleichstellung fachgerecht planen, umsetzen und evaluieren können? Das Ziel des BBT-Aktionsprogramms 2008 bis 2011 ist ja, Gleichstellung „in den gesamten Leistungs- und Führungsauftrag [der Fachhochschulen] zu integrieren", also in allen Leistungsbereichen – Lehre, Forschung, Weiterbildung, Dienstleistung – wie auch im Hochschul-Management zu verankern. So empfiehlt die Rektorenkonferenz der Fachhochschulen der Schweiz in den ‚Standards für die Gleichstellungsarbeit an den Fachhochschulen':

> *„Die FH achtet darauf, dass organisatorisch die verschiedenen Kategorien der FH-Angehörigen (z.B. Dozierende, Studierende, Assistierende, wissenschaftliche Mitarbeiter/innen, Verwaltungsmitarbeiter/*

> *innen, Leitende), die verschiedenen Leistungsaufträge (z.B. Lehre, anwendungsorientierte Forschung, Dienstleistungen für Dritte) und auch unterstützenden Prozesse (z.B. Führung, Administration, akademische und soziale Einrichtungen) berücksichtigt sind"* (KFH 2004b: 2).

Gleichstellungsbeauftragte stehen den Verantwortlichen zwar als Beraterinnen und Berater zur Verfügung, auch leisten sie mit ihren Projekten beispielhafte Pionierarbeit. Soll aber eine geschlechtersensible Sichtweise in allen Entscheidungen, Programmen und Prozessen der Fachhochschule zum Tragen kommen, wie es den ‚Standards', aber auch der allgemein anerkannten Strategie des ‚Gender Mainstreaming'[2] entspricht, so müssen die nötigen Fähigkeiten in der Linie vorhanden sein.

Wer sich als Dozentin oder Dozent an einer Fachhochschule bewirbt, muss didaktische Kompetenzen nachweisen. Für die Forschung ist Forschungskompetenz gefragt, für Leitungsaufgaben Führungskompetenz. Auch für eine systematische, nachhaltige Gleichstellungsarbeit ist Kompetenz gefordert, nämlich Gender-Kompetenz.

Klar ist: Gleichstellung ‚wollen' reicht nicht. Es braucht Gender-Kompetenz, damit der Nutzen der Gleichstellung für die Fachhochschule zum Tragen kommt.

Beispiel Stellenbesetzung

> Dies lässt sich zeigen an einem Anliegen, zu welchem sich die meisten Fachhochschulen bekennen: am Bestreben, mehr Dozentinnen insbesondere für die technischen Fächer anzustellen.
>
> Gender-Kompetenz ist nötig für die Gestaltung von Wahlverfahren, welche Frauen tatsächlich gleiche Chancen bieten: beispielsweise Wissen über das Fortbestehen von Stereotypen in Bezug auf Frauen- und Männerrollen; über die Prozesse im Zusammenhang mit Macht, Ein- und Ausschluss; über ‚Gender Bias' (geschlechtsbezogener Verzerrungseffekt) und die Probleme in Zusammenhang mit der Beurteilung von Leistungen von Frauen und Männern; über die Funktion der Leitung einer Wahlkommission, welche offenen wie auch verdeckten Vorurteilen gegenüber Frauen in den Diskussionen des Gremiums entgegensteuern muss. All dies ist ausreichend erforscht und dokumentiert (z.B. Barben 2003b, European Commission 2004, Staatssekretariat für Bildung und Forschung SBF 2007).

---

2 Siehe beispielsweise www.gender-mainstreaming.net.

Gender-Kompetenz ermöglicht den Personal- und Fachverantwortlichen die Umsetzung des genannten Wissens in der Gestaltung des Stellenbesetzungsprozesses der Fachhochschule sowie in der tatsächlichen Durchführung solcher Verfahren; dazu gehören auch gender-sensible Kommunikation, Kooperation und Konfliktlösung.

Weiter bedeutet Gender-Kompetenz die Bereitschaft zur Selbstreflexion in Bezug auf Rollenbilder und Stereotypen, auf Erwartungen von ‚Exzellenz' und Leistung der Bewerberinnen und Bewerber (European Commission 2004); zur Überprüfung und, wo nötig, Anpassung von Einstellungen und Verhaltensweisen dem eigenen beziehungsweise dem anderen Geschlecht gegenüber.

Beispiel Leiten von Gruppen

Ein zweites Beispiel betrifft die Führung von Teams und Arbeitsgruppen, eine alltägliche Aufgabe in allen Leistungsbereichen der Fachhochschule wie auch im Management.

Wurde weiter oben die Vielfalt von Gruppen, das heisst die Beteiligung von Frauen und Männern wie auch Personen unterschiedlicher Herkunft, Altersgruppen usw., als positiver Erfolgsfaktor genannt, so ist dies mit einem Vorbehalt zu verbinden. Wie Forschungen gezeigt haben, ist die Qualität der Führung gemischter Teams von ausschlaggebender Bedeutung, also die Gender- und interkulturelle Kompetenz in der Leitung. Martha Maznevski und Karsten Jonsen nennen die drei Faktoren „map, bridge and integrate differences" in ihrem Fachbeitrag zum EU-Bericht ‚Women in Science and Technology. The Business Perspective':

> „Mapping is the ability to understand the relevant differences in a management situation; Bridging is the ability to communicate effectively across differences, taking differences into account – transmitting meaning as it was intended; Integrating is the ability to bring the differences together, combining and building on them in a synergy. This means that differences have to be acknowledged, respected and communicated in order to make them productive" (European Commission 2006: 22, und ausführlicher 61 ff.).[3]

Hier können wir eine Variante der Beschreibung von Gender-Kompetenz sehen: Um den Einfluss von Unterschiedlichkeiten im Team zu erken-

---

3   Siehe auch online unter ec.europa.eu/research/science-society/pdf/wist_report_final_en.pdf.

nen, müssen Führungskräfte über Wahrnehmungs- und Analysefähigkeit verfügen, aber auch über Wissen um soziale Prozesse. Kommunikationsfähigkeit ist nötig, welche auf die Verschiedenheit der Beteiligten sorgfältig Rücksicht nimmt und Missverständnisse vermeidet oder gegebenenfalls aufklärt. Die Integration unterschiedlicher Persönlichkeiten und Kulturen in einem Team, sodass deren Fähigkeiten und Potenziale optimal zum Tragen kommen können, verlangt hohe personale und soziale Kompetenz. Gender-Kompetenz ist ein integraler Teil davon.

Beispiel Führung

Alle Gleichstellungsverantwortlichen kennen die Klage von Führungsverantwortlichen: „Ich möchte ja schon (mehr Studentinnen, mehr Dozentinnen, ein frauenfreundlicheres Klima in der Abteilung oder …), aber wie überzeuge ich meine Dozenten von der Notwendigkeit einer Veränderung?" Offensichtlich ist die Wirkung von Argumenten und Erklärungen begrenzt, der persönliche Nutzen eines Einsatzes zugunsten der Gleichstellung oder des Besuchs einer Weiterbildung zum Thema Gender ist für die Betreffenden oft nicht nachvollziehbar.
Hier kann Gender-Kompetenz bedeuten, Führungsinstrumente so anzupassen und einzusetzen, dass sie der Förderung der Gleichstellung dienen (vgl. z.B. Baer 2006). Wenn Gleichstellungsarbeit in der Mitarbeitendenbeurteilung positiv gewertet wird beziehungsweise fehlendes Engagement negativ zu Buche schlägt, erübrigen sich lange Diskussionen. Es lohnt sich dann offensichtlich im Hinblick auf Bonus oder Beförderung, sich für die Gleichstellungsziele der Hochschule, der Abteilung oder des Instituts einzusetzen, auf welche sich die Kriterien der Beurteilung abstützen.
Ebenso muss es sich für Führungskräfte bezahlt machen, wenn sie für ihren Verantwortungsbereich wie auch in den Zielvereinbarungen mit ihren Mitarbeitenden Jahresziele zur Förderung der Gleichstellung formulieren und bei deren Erfüllung positive Resultate vermelden können. Voraussetzung ist, dass die Förderung der Gleichstellung konsequent in strategische sowie operative Führungsinstrumente integriert wird. Das bedingt Gender-Kompetenz beim Führungspersonal aller Stufen.

Die drei Beispiele zeigen, dass Gender-Kompetenz eine Querschnittskompetenz ist. Sie wird in allen Leistungsbereichen der Fachhochschule wie auch im Hochschul-Management benötigt, damit Gleichstellung mehr als nur punktuell zum Tragen kommt und die Strategie des Gender Mainstreaming umgesetzt werden kann.

Eckpunkte für eine Implementierung von Gender-Kompetenz

Die Mitarbeitenden und ihre Kompetenzen werden häufig als wertvollstes Kapital eines Unternehmens bezeichnet. Damit Kompetenzen als besondere Stärken wirksam werden und zur Wettbewerbsfähigkeit des Unternehmens beitragen, müssen sie gezielt erworben, gepflegt und weiterentwickelt werden. Das damit angesprochene Kompetenz-Management ist demnach „ein integriertes, dynamisches System der Personalrekrutierung, des Personaleinsatzes und der Personalentwicklung" (Grote 2006: 3).

Die Notwendigkeit einer systematischen Vorgehensweise gilt auch für die Förderung von Gender-Kompetenz an Fachhochschulen. Dazu gehören die folgenden Schritte (teilweise abgestützt auf Grote 2006: 33 ff.):

– **Klärung der Ausgangslage:** Wozu soll die Förderung von Gender-Kompetenz an der Fachhochschule dienen? Was ist der Anlass dazu? Welche Ziele werden angestrebt? Welche Human-Resources-Instrumente können genutzt werden für die Erfassung und Entwicklung von Gender-Kompetenz?

– **Strategie:** Wer hat ein Interesse an der Entwicklung von Gender-Kompetenz? Welches sind die treibenden Kräfte, welches die grössten Hindernisse? Sollen punktuelle inhaltliche Schwerpunkte gesetzt werden, und wenn ja, wo? Beispielsweise bei einzelnen Studiengängen, bei Personalgruppen wie Dozierenden oder in bestimmten (Teil-)Hochschulen? Wo ist der dringendste Handlungsbedarf für die Förderung von Gender-Kompetenz? Ist eine externe Begleitung sinnvoll?

– **Planung:** Wer hat die Gesamtverantwortung? Wie werden die Personaldienste, die Linienverantwortlichen möglichst wirkungsvoll und nachhaltig einbezogen? Wie können erste sichtbare Wirkungen einer verbesserten Gender-Kompetenz erreicht und dargestellt werden? Welche Ressourcen stehen für die Förderung von Gender-Kompetenz zur Verfügung?

– **Umsetzung:** Wie können die an der Fachhochschule bereits verwendeten (oder gegebenenfalls neue) Instrumente der Personalarbeit genutzt werden a) zur Erfassung und Messung, b) zur Entwicklung von Gender-Kompetenz? Welche Lernformen eignen sich am besten, wenn es sowohl um Wissensvermittlung, Methodenkompetenz wie auch persönliche Einstellungen in Gender-Fragen geht – Kompetenz-Trainings, Seminare oder mehr auf den Arbeitsplatz fokussierte Formen wie ‚Learning by Doing' mit *Coaching, Mentoring* oder Supervision?

– **Auswertung:** Wer führt nach einer Pilotphase eine systematische Auswertung der Resultate und Wirkungen auf die Gleichstellung an der Fachhochschule durch, wer ist verantwortlich für mögliche Anpassungen der Ziele und Vorgehensweisen?

Das vorliegende Handbuch bietet zum ersten Mal eine klare Definition von Gender-Kompetenz. Erst auf dieser Basis wird es möglich, ein Konzept zu deren systematischer Erfassung und Förderung zu entwickeln. An den Fachhochschulen ist es nun, den Impuls aufzugreifen und für eine wirkungsvolle Gleichstellungsarbeit zu nutzen.

Studiengänge im Bereich Gender Studies: Gender-Kompetenz und Berufsperspektiven

Monique Dupuis

1. Einleitung

Aus- und Weiterbildungsgänge im Bereich *Gender Studies* bieten theoretisch, methodisch und empirisch Grundlagen zum Verständnis von Geschlechterbeziehungen. Sie betten Geschlechterfragen in einen gesellschaftlichen und ökonomischen Zusammenhang ein und vermögen dem gesellschaftlichen und beruflichen Handeln dadurch innovative Impulse zu geben.

Studiengänge im Fachgebiet *Gender Studies*, wie sie an Fachhochschulen angeboten werden, sind in besonderer Weise an gesellschaftlichen Problemstellungen orientiert. Sie vermitteln Sichtweisen und Herangehensweisen, die nicht geschlechterblind, sondern geschlechtersensibel sind. Indem sie auf die spezifischen Voraussetzungen und Lebensbedingungen von Frauen und Männern aufmerksam machen und geschlechtergerechte Lösungsansätze bieten, tragen sie zum gesellschaftlichen und ökonomischen Fortschritt bei.

Mit Blick auf berufliches Handeln erlauben eine geschlechterreflexive Perspektive und daran orientierte Vorgehensweisen auch, neue Fragen zu stellen, neue Herangehensweisen und Umsetzungsmöglichkeiten von Fähigkeiten und Fertigkeiten zu probieren. In zahlreichen Berufsfeldern kann eine geschlechtersensible Perspektive die Qualität der Berufsausübung steigern, wenn Fragestellungen und Inhalte auf die Bedürfnisse beider Geschlechter zugeschnitten werden, sei es im Bereich der Technik oder dem Sozial- und Bildungswesen.

In welcher Weise ein Studium im Bereich von *Gender Studies* gleichermassen individuelle Voraussetzungen fördern wie berufliches Handeln unterstützen kann, soll im Folgenden auf der Basis einer empirischen Studie dargelegt werden. Es handelt sich dabei um die Resultate einer Befragung von Personen, die in den Jahren 1999–2005 Weiterbildungsgänge im Fachgebiet *Gender Studies* an Schweizer Fachhochschulen besucht haben. Es handelt sich dabei um folgende Studienangebote:

- Nachdiplomstudium *Gender Management* an der Fachhochschule Solothurn Nordwestschweiz (2002–2005)

- Nachdiplomstudium *Gender Studies* in Kunst, Medien und Design an der HGKZ Zürich (2001–2005)
- Nachdiplomstudium Feministisch Reflektierte Soziale Arbeit an der HSA Luzern (1999–2003)

2. Kompetenzentwicklung durch *Gender Studies*

Weiterbildungsgänge im Bereich *Gender Studies* fördern und verbessern in vielfältiger Art und Weise Fähigkeiten und Fertigkeiten im Bereich von ‚Gender-Kompetenz' (vgl. Kap. 2 und 3), das legen die Daten nahe.[1] Werden Studierende und Studienabgängerinnen bzw. -abgänger nach den Kompetenzen gefragt, die sie in ihrem Studium erworben haben, so heben sie nicht nur theoretische und analytische Kenntnisse im Fachgebiet hervor, sondern auch den Erwerb von ‚Schlüsselkompetenzen'.

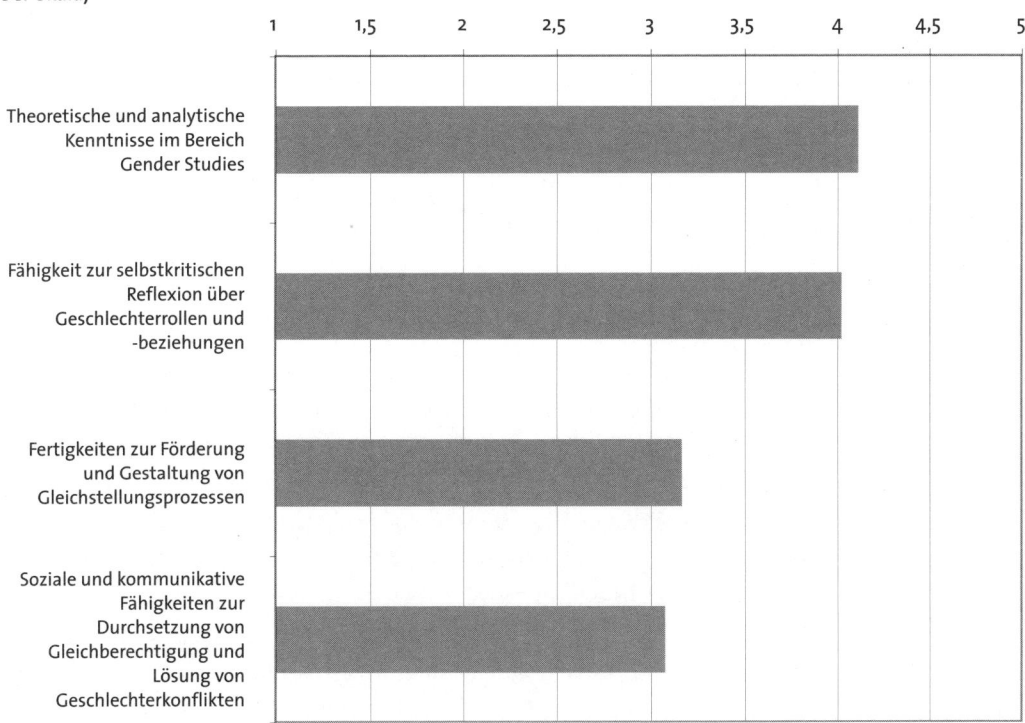

Abbildung 1: Kompetenzerwerb von Studierenden und Absolvierenden: Weiterbildungsgänge im Bereich *Gender Studies* (Mittelwerte der Selbstbeurteilung anhand einer 5er-Skala)

---

1 Die Ausführungen beruhen auf einer Sonderauswertung von Daten zu Ausbildungsgängen an Fachhochschulen, die im Rahmen einer schweizweiten Befragung von Studierenden und StudienabgängerInnen im Bereich Gender Studies an Universitäten und Fachhochschulen gewonnen wurden. Die Erhebung basierte auf einer standardisierten schriftlichen Befragung und leitfadengestützten Interviews mit Studierenden und Absolvierenden (vgl. Liebig et al. 2008).

Fachlich-inhaltliche Kenntnisse

Wie Abbildung 1 zeigt, steht der Erwerb fachlich-inhaltlicher Kompetenzen im Bereich Gender Studies an den Fachhochschulen – ähnlich wie an den Universitäten – im Vordergrund. In diesem Feld, so beurteilen es die (ehemaligen) Studierenden, bot das Studium am meisten. (Ablesen lässt sich dies am Mittelwert von 4,1 auf der fünfstufigen Skala; Höchstwert = 5, Tiefstwert = 1). Auch in den Interviews betonen die Befragten, dass sie im Studium ein begrifflich-analytisches Instrumentarium erworben haben, das es ihnen erlaubt, Fragen aufzuwerfen, bisher ‚Unhinterfragtes' zu erkennen, es in seiner Bedeutung für Männer und Frauen zu reflektieren und zu benennen.

Das vertiefte Verständnis für Geschlechterverhältnisse und die sozialen Prozesse, die diesen zugrunde liegen, ermöglichte es den Absolventinnen und Absolventen auch, im Privaten mit neuen Formen der Arbeitsteilung zu experimentieren, die von traditionellen Vorstellungen abweichen. Ein Absolvent beschreibt dies wie folgt: *„Meine Frau ist berufstätig. Wir führen schon sozusagen ein Post-Gender-Studies-Leben. Wir haben jetzt keine Kinder, aber wenn wir Kinder hätten, wäre es ziemlich klar, dass ich einen Grossteil, wahrscheinlich mehr als sie, der Erziehungsaufgaben übernehmen würde. [...] Also man würde schon versuchen, beide Berufskarrieren zu gehen. Aber im Moment haben wir einen Deal sozusagen im Privaten, bei dem ich sage, ich bin die Hausfrau."*

Berufliche Handlungskompetenzen

Praktische Fähigkeiten im Umgang mit Diskriminierungen oder Fertigkeiten zur Förderung und Gestaltung von Gleichstellungsprozessen werden vergleichsweise selten als Lernergebnis der Studiengänge genannt (Mittelwert = 3,2). Anstelle anwendungsbezogener Fähigkeiten tragen die Weiterbildungsgänge, so scheint es, an erster Stelle zu fundiertem Theoriewissen und zu einer Erweiterung des Faktenwissens über Geschlechter- und Ungleichheitsverhältnisse bei.

Dieses Wissen aber, auch wenn es nicht unmittelbar in der Praxis der Sozialen Arbeit, im Management oder in Kunst/Kultur umsetzbar ist, macht es möglich, Strategien und Vorgehensweisen für die jeweiligen Praxisfelder zu entwickeln und fachlich kompetent zu begründen. In ihrer beruflichen Arbeit schliessen die Befragten vielfach geschlechterrelevante Aspekte ein, sie achten auf einen geschlechterbewussten Sprachgebrauch, sie ermutigen und fördern Frauen oder sie praktizieren einen partizipativen Führungsstil.

Das dem beruflichen Handeln zugrunde liegende Wissen wirkt dabei nicht allein als Orientierungs- und Emanzipationswissen, sondern auch als Wissen, das in Entscheidungs- und Führungsprozesse eingebracht werden kann.

Soziale und kommunikative Kompetenzen

Ein ähnlich vielschichtiges Bild ergeben die Antworten auf die Frage, inwiefern die Studiengänge dazu beitragen können bzw. konnten, soziale und kommunikative Fähigkeiten zu gewinnen. So geben die von uns Befragten vergleichsweise selten an, das Studium habe zum Erwerb dieser Fähigkeiten beigetragen (vgl. Abb. 1).

Gleichwohl geht aus den persönlichen Schilderungen hervor, dass sich nicht wenige Befragte in Gesprächen mit anderen kompetenter fühlen: So erwähnt eine Studentin: *„Ich kann mich anders ausdrücken und Themen jetzt anders benennen und natürlich auch sehen und etwas auch anders erklären."* Dabei konnte nicht allein eine ‚Sprache' für beobachtete oder erlebte Phänomene gefunden werden. Das Studium bot vielen auch Argumentationshilfen, um Massnahmen für vermehrte Geschlechtergerechtigkeit einzufordern oder entsprechende Entwicklungsprozesse auf individueller wie organisationaler Ebene zu unterstützen.

Selbstkompetenzen

Weiterbildungsgänge im Bereich *Gender Studies* tragen massiv zum ‚Empowerment' bei. Viele (ehemalige) Studierende benennen ein ‚Mehr an Selbstbewusstsein' als einen wichtigen Effekt des Studiums. Und viele verfügen auch vermehrt über Fähigkeiten, sich gegen Benachteiligungen zu wehren (vgl. Tab. 1). Im politischen Rahmen und in öffentlichen Diskursen können sich die Teilnehmerinnen und Teilnehmer der Studiengänge argumentativ besser behaupten. Sie haben gelernt, die eigenen Themen besser zu verkaufen, sich durchzusetzen, und sie sind sicherer geworden im Auftreten. Das vermehrte Selbstvertrauen trägt überdies dazu bei, dass die Befragten ihre Fähigkeiten in der Arbeitswelt entfalten und berufliche Chancen ergreifen können.

Tabelle 1: Einfluss einer Weiterbildung im Fachgebiet *Gender Studies* (GS) auf Selbstbewusstsein von Studierenden und Absolvierenden (in Prozent)

Einfluss von Gender Studies (Ausbildung und Kenntnisse)	verbessert	konstant geblieben	nicht anwendbar/ keine Angabe	Total in %	Total Anzahl
Selbstbewusstsein wurde/ist	60,6	39,4	–	100	71
Fähigkeit, sich gegen Diskriminierung zu wehren, wurde/ist	52,8	45,8	1,4	100	72

3. Berufliche Tätigkeitsbereiche und Perspektiven

Für gut die Hälfte der befragten Frauen und Männer (54,2%) bildete die biografisch frühe Wahrnehmung von Ungleichheitsverhältnissen[2] zwischen den Geschlechtern ein sehr wichtiges Studienmotiv. Auch wissenschaftliches Interesse wird häufig von den Befragten als Motiv für das Aufgreifen der Weiterbildungsgänge erwähnt (38%). Vor diesem Hintergrund überrascht, dass nur für 29,2% der Studierenden und Absolvierenden eine Verbesserung der beruflichen Chancen zentrale Ursache für die Studienwahl war.[3]

a) Berufliche Perspektiven durch Gender-Kompetenz

Obwohl nur wenige mit dem Studium auch berufsbezogene Erwartungen verbinden, lassen sich in den Daten doch vielfach positive Effekte der Weiterbildung feststellen, gleichermassen was den beruflichen Werdegang wie die berufliche Praxis der Befragten betrifft. So erleichterte für viele die Weiterbildung etwa die Entscheidung für eine berufliche Laufbahn. Bei annähernd der Hälfte der Studienabgängerinnen und -abgänger (vgl. Tab. 2) wurde die Arbeitssuche von erworbenen Kenntnissen und Erfahrungen geprägt, die der Weiterbildungsgang vermittelte.

Auch begünstigten die im Weiterbildungsstudiengang gewonnenen Zusatzqualifikationen den beruflichen Aufstieg. Knapp ein Fünftel der Absolvierenden verbesserte im Anschluss an das Studium die berufliche Position. Dieses Ergebnis ist besonders bemerkenswert angesichts des relativ hohen Anteils an Befragten (37,5%), die bereits vor dem Studium in Führungspositionen gearbeitet haben. Diese beruflichen Veränderungen werden auch von den Befragten nicht selten als Folge der Gender-

Tabelle 2: Konsequenzen der Weiterbildung im Fachgebiet *Gender Studies* (GS) für den beruflichen Werdegang (in Prozent)

Aussagen der Absolventinnen und Absolventen	Ja	Nein	nicht zutreffend	Total in %	Total Anzahl
GS haben die Art der gesuchten Arbeit beeinflusst	43,5	21,7	34,8	100	46
GS haben geholfen, einen Arbeitsplatz zu finden	25,0	33,3	41,7	100	48
GS haben positive Auswirkungen auf Arbeitsmarktchancen	39,0	61,0		100	41
	verbessert	verschlechtert	konstant/nicht anwendbar	Total in %	Total Anzahl
Aufstiegsmöglichkeiten durch GS-Ausbildung und damit erworbene Kenntnisse wurden/sind	31,7	4,9	46,3 / 17,1	100	41

---

2 Gemeint sind biografische Erfahrungen im Elternhaus und während der Schuljahre.
3 Die Erwartungen der ehemaligen Studierenden hinsichtlich der mit dem Studium verknüpften beruflichen Chancen sind in der Schweiz dennoch die höchsten im europäischen Vergleich (Dupuis 2008).

Studies-Weiterbildung interpretiert, schätzt doch ein gutes Drittel der Absolvierenden ihre Arbeitsmarktchancen als verbessert ein.

Gefragt nach der Bedeutung der Studiengänge für den Beruf, wird das Absolvieren eines Weiterbildungsganges zuweilen auch als Grundlage für ein Mehr an persönlicher und beruflicher Anerkennung genannt. Frauen wie Männer geben an, dass die spezifischen geschlechterbezogenen Kompetenzen ihnen im Beschäftigungswettbewerb zusätzliche Chancen eröffnet hätten.

b) Einsatz von Gender-Kompetenz im Kontext der beruflichen Tätigkeit

Das im Studium erworbene Wissen kann in verschiedenen Berufsfeldern eingebracht werden. In besonderer Weise werden Gender-Kompetenz in der Frauen- und Gleichstellungsarbeit nachgefragt. Dies gilt auch für Expertenberufe, im Bereich der Beratung, für den Lehrberuf und die Leitung von Projekten. Vergleichsweise gering hingegen erscheint bisher der Bedarf an entsprechenden Fähigkeiten und Fertigkeiten im Bereich der Sachbearbeitung und bei wissenschaftlichen Mitarbeiterinnen in und ausserhalb der Universitäten (vgl. Tab. 3).

Geschlechter- und gleichstellungsbezogenes Wissen ist also heute bei Weitem noch nicht in allen Berufsfeldern gefragt. So werden besonders in männlich geprägten Arbeitsfeldern Geschlechterthemen bisher nur wenig berücksichtigt. Wie die Gespräche verdeutlichen, stossen in diesen Feldern die Gender-Expertinnen und -Experten bis heute noch auf erhebliches Unverständnis.

Inwieweit Gender-Kompetenz in ein Berufsfeld eingebracht werden kann, hängt allerdings auch mit der beruflichen Stellung zusammen. Vornehmlich Personen in Führungspositionen können unter Einbezug dieses Wissens auf die Veränderung von Geschlechterbeziehungen hinwirken. Ihre

Tabelle 3: Ausmass des Einsatzes von Gender-Kompetenz im Kontext der beruflichen Tätigkeit, nach Berufsgruppe und beruflicher Stellung

Einsatz von Gender-Kompetenz	nach Berufsgruppe	nach beruflicher Position
Hoch	Gleichstellungsbeauftragte, FachstelleninhaberInnen, LehrerInnen, BeraterInnen, TreuhänderInnen, ProjektleiterInnen	oberes und mittleres Kader, Beraterinnen, ExpertInnen, LehrerInnen
Partikulär	JournalistInnen, SozialarbeiterInnen, künstlerische Berufe, Sozial- und Gesundheitsdienst	Selbstständige, unteres Kader
Tief	kaufmännische SachbearbeiterInnen, wissenschaftliche MitarbeiterInnen (universitär und nicht universitär) DoktorandInnen/ UniversitätsassistentInnen	Angestellte ohne Führungsfunktion, wissenschaftliche AssistentInnen, DoktorandInnen

gefestigte berufliche und soziale Stellung erlaubt es ihnen, Sachverhalte aus einer ungewohnten, weil geschlechtsspezifischen Perspektive zu betrachten und von Mitarbeitenden Handlungs- bzw. Verhaltensweisen einzufordern, die für Einzelne eine Herausforderung darstellen können. Hier wird auch deutlich: Gender-Kompetenz gewinnt insbesondere dann Akzeptanz und Anerkennung, wenn sie sich mit Macht verbindet. Es ist daher nicht überraschend, wenn insbesondere Personen, die Führungspositionen innehaben, ihre Gender-Kompetenz als nützlich für ihren Beruf erachten.

c) Transformatives Potenzial

Aus Sicht von 70% der befragten Studierenden und Absolvierenden[4] hat sich infolge der erworbenen Fähigkeiten und Kenntnisse die Art und Weise geändert, in der sie ihren Beruf ausüben. Diese Veränderungen äussern sich in vielfältiger Form, immer aber schliessen sie einen sensibleren Umgang mit Geschlechterfragen und ein reflektiertes Geschlechterverhalten (z.B. in der Sprache oder den Arbeitsformen) ein. Neben einer aktiven Frauenförderung betreffen die Veränderungen auch das persönliche Entscheidungs- und Führungsverhalten und nicht zuletzt ein berufliches Handeln auf der Basis eines gestärkten Selbstbewusstseins.

Als Folge davon nehmen viele Studienabgänger und -abgängerinnen auch aktiv Einfluss auf ihr Arbeitsumfeld. Dies etwa, indem sie Befürchtungen gegenüber ‚*Emanzentum*' abbauen oder Vorgesetzten, Kollegen und Kolleginnen oder Kunden die Vorzüge und Potenziale einer geschlechtersensiblen Sichtweise zu erklären vermögen. Letztere werden beispielsweise darin gesehen, dass mithilfe eines geschlechtersensiblen Blicks auch Ungleichheiten in anderen gesellschaftlichen Bereichen besser erkannt und erklärt werden können, dass neue Erkenntnisse, Ideen und Produkte auf der Basis von Gender-Wissen entstehen.

4. Gender-Kompetenz auf dem Arbeitsmarkt

Der Erfolg der Weiterbildungsgänge misst sich nicht zuletzt auch an den Möglichkeiten, das gewonnene *Know-how* in Arbeitswelt und Gesellschaft einzubringen. Im Rahmen unserer Studie haben wir deshalb auch Personalverantwortliche aus Schweizer Unternehmen sowie Berufsbera-

---

[4] Während der berufsbegleitenden Nachdiplomstudiengänge ist die Mehrheit (83%) der Studierenden erwerbstätig. Ein Viertel davon hat ein Vollzeitpensum inne.

terinnen und -berater gefragt, welche Tätigkeiten und Berufsfelder sie für Gender-Expertinnen und -Experten sehen. Arbeitgeber und Arbeitgeberinnen, das wird aus den Gesprächen deutlich, tragen klare Erwartungen an die Aus- und Weiterbildung im Bereich *Gender Studies* sowie deren Absolvierende heran. Im Wesentlichen betreffen diese Erwartungen die folgenden Aspekte:

a) **Anwendungsorientierung und Praxisnähe**
Von den Absolventinnen und Absolventen des Fachgebiets wird erwartet, dass sie ihr theoretisches Wissen praxis- und berufsfeldnah umzusetzen vermögen. Geschlechterungleichheiten und die ihnen zugrunde liegenden sozialen Prozesse sollen erkannt und erklärt werden können, um davon ausgehend neue Verhaltens- und Handlungsmöglichkeiten aufzuzeigen. Aus der Sicht der Arbeitswelt bedarf es dazu einer engeren Kooperation zwischen Wissenschaft und Praxis.

b) **Empirische Grundlagen**
Von der Arbeitswelt werden insbesondere jene Resultate der Geschlechterforschung anerkannt, die objektiv-rational, sachlich, mit Ziffern und Zahlen belegt werden können. Geschlechterbezogenem Wissen, das nicht auf wissenschaftlich fundierte Fakten und Daten zurückgeführt werden kann, wird oftmals Misstrauen entgegengebracht.

c) **Übersetzungswissen**
Von den (zukünftigen) Expertinnen wird zudem in der Arbeitswelt erwartet, dass sie in der Lage sind, die wissenschaftlichen Befunde der Geschlechterforschung sprachlich so zu vermitteln, dass diese auch von Menschen in der beruflichen Praxis verstanden werden können.
Wie sich zeigt, wird in der Schweiz aber in erster Linie noch der Gleichstellungsbereich als Einsatzfeld für Gender-Kompetenz erachtet. Darüber hinaus existieren auf dem Schweizer Arbeitsmarkt nur vage Vorstellungen über die Fähigkeiten und Fertigkeiten, welche Weiterbildungsgänge im Bereich *Gender Studies* den Studierenden verleihen. Es bedarf also weiterhin grossen Engagements, um die Inhalte und Zielsetzungen des Fachgebietes so zu vermitteln, dass sie in ihrer Bedeutung für Arbeitswelt und Gesellschaft erkennbar werden.

2
Gender-Kompetenz: Eine theoretische und begriffliche Eingrenzung

Die Hochschulreformen rücken auch in der Schweiz zunehmend die Vermittlung von ‚Gender-Kompetenzen' in den Vordergrund bildungs- und hochschulpolitischer Zielsetzungen. In diesem Kapitel wird Gender-Kompetenz als eine trag- und zukunftsfähige Brücke auf dem Weg von der rechtlichen zur tatsächlichen Gleichstellung von Frauen und Männern vorgestellt.

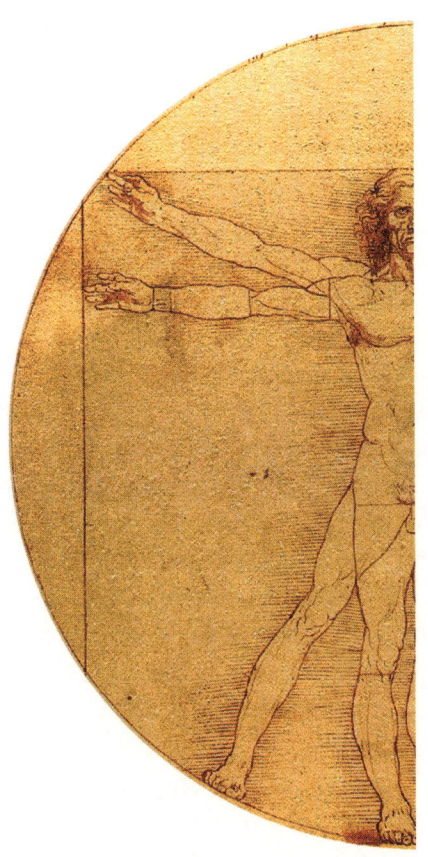

Gender-Kompetenz: Eine theoretische und begriffliche Eingrenzung

Edith Rosenkranz-Fallegger

Europäische Reformen im tärtiären Bildungssektor

Mit der Bologna-Reform sind das europäische und damit auch das schweizerische Bildungssystem in Bewegung geraten. Besonderen Aufschwung hat die Debatte über den Kompetenz-Begriff auf der institutionellen Ebene eines Europäischen Qualifikationsrahmens erhalten. Die darin enthaltene Beschreibung von Ausbildungsprofilen steigert den Stellenwert einer verbindlichen Definition der an Hochschulen vermittelten Qualifikationen und Kompetenzen. Neben der europäischen Diskussion um die (inhaltliche) Ausgestaltung des Qualifikationsrahmens ist damit auch die Implementierung auf nationaler Ebene angesprochen. Vor dem Hintergrund dieser Debatten ist die Thematisierung von Gender-Kompetenz als eine integrale Aufgabe der Kompetenzeingrenzungen zu verstehen und zu bestimmen.

Alle Kompetenzdiskussionen taugen jedoch nichts, wenn sie nicht in einen Bezugsrahmen gesetzt werden. Dies gilt ganz allgemein für den Kompetenz-Begriff wie für die begriffliche Herleitung von Gender-Kompetenz. Was ist unter Kompetenz allgemein und was ist unter Gender-Kompetenz im Besonderen zu verstehen? Welche Rahmenbedingungen sind auf Fachhochschulebene erforderlich, um Gender-Kompetenz zu verstehen, zu entwickeln und zu implementieren? Diesen Fragen wird im vorliegenden Kapitel nachgegangen. Dabei werden in einem ersten Schritt die externen und internen Rahmenbedingungen skizziert, welche Einfluss auf den Gender-Kompetenz-Begriff nehmen (vgl. Abb. 1). Basis dafür bilden die bildungs- und gleichstellungspolitischen europäischen und schweizerischen Reformbestrebungen. Nach einem Blick in die Geschichte der europäischen Hochschulreform wird ein Überblick zur Diskussion über allgemeine personengebundene Kompetenzen gegeben. Schliesslich wird auf der Grundlage bestehender Kompetenzkonzepte eine Synthese gebildet und ein Gender-Kompetenz-Modell für die Fachhochschulen vorgestellt.

Im April 1997 verabschiedeten der Europarat und die Organisation der Vereinten Nationen für Erziehung, Wissenschaft und Kultur (UNESCO)

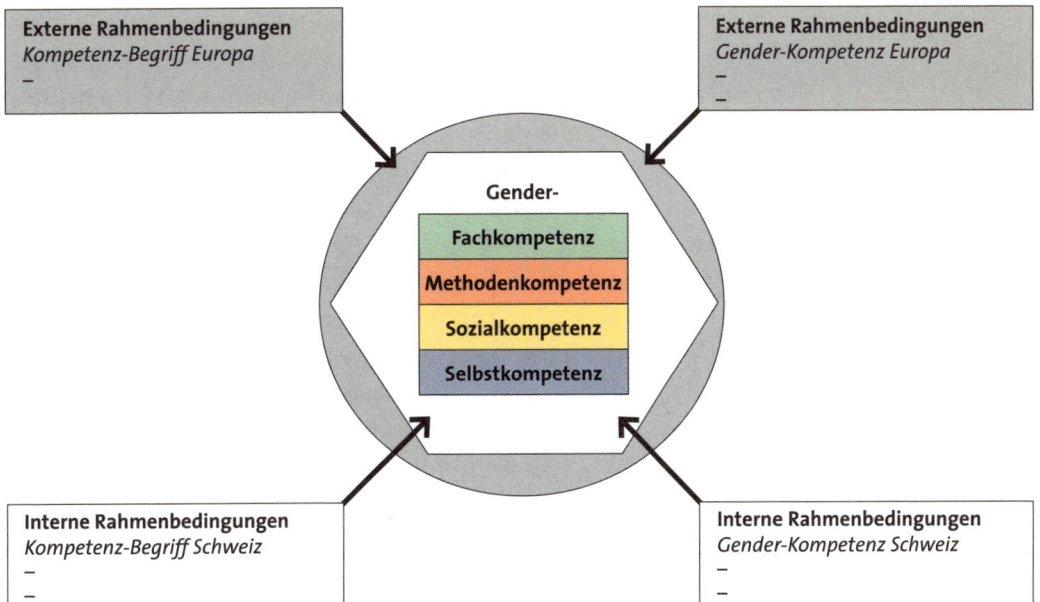

Abbildung 1:
Externe und interne Rahmenbedingungen von Gender-Kompetenz

die Hochschulkonvention Nr. 165, ‚Übereinkommen über die Anerkennung von Qualifikationen im Hochschulbereich in der europäischen Region' (Lissabonner Konvention). Als Ersatz aller entsprechenden bisherigen Konventionen der beiden Organisationen trägt sie den neusten bildungspolitischen Entwicklungen in Europa Rechnung. Seit 1. Februar 1999 in Kraft, beinhaltet das Übereinkommen Neuerungen im Bereich der gegenseitigen Anerkennung von Studienabschlüssen die Einführung des sogenannten Diploma Supplement[1] sowie die Informationspflicht über den verfassungsrechtlichen Aufbau des Hochschul- bzw. Fachhochschulwesens eines Staates.

Gestützt auf die ‚Magna Charta Universitatum'[2] und die ‚Sorbonne-Erklärung'[3], unterzeichnete die Schweiz am 19. Juni 1999 zusammen

---

[1] Das Diploma Supplement (DS) ist ein Text mit einheitlichen Angaben zur Beschreibung von Hochschulabschlüssen (Grade, Zertifikate, Prüfungen) und damit verbundener Qualifikationen, der offiziellen Dokumenten über Hochschulabschlüsse (Verleihungsurkunden, Prüfungszeugnisse) als ergänzende Information beigefügt werden soll.

[2] Die ‚Magna Charta Universitatum' wurde 1988 als Vision für die Entwicklung der Hochschulen und Universitäten in Bologna verabschiedet. Am 25. Mai 1998, also gut zehn Jahre später, wurde sie als ‚Sorbonne-Erklärung' von den BildungsministerInnen aus Italien, Frankreich, Deutschland und Grossbritannien spezifiziert. Beide Dokumente siehe online unter:http://www.bologna-bergen2005.no/Docs/00-Main_doc/880918_Magna_Charta_Universitatum.pdf,http://www.kfh.ch/uploads/dobo/doku/Sorbonne_declaration_Deutsch.pdf.

[3] Diese zielt auf die Schaffung eines gemeinsamen Rahmens für die europäischen Bildungssysteme. Andere europäische Länder, darunter auch die Schweiz, schlossen sich der Erklärung später an.

mit 28 europäischen Bildungsministerinnen und -ministern die ‚*Joint Declaration of the European Ministers of Education Convened in Bologna*' (nachfolgend ‚Bologna-Erklärung'). Im Rahmen von Vorbereitung und Umsetzung als Bologna-Prozess bezeichnet, führte diese freiwillige Selbstverpflichtung bisher zu vier Folgekonferenzen.[4] Ziel dabei ist die Schaffung eines vergleichbaren europäischen Hochschulraums, welcher die geistigen, kulturellen, sozialen und wissenschaftlich-technologischen Dimensionen eines vollständigeren und umfassenderen Europas aufbauen und stärken soll. Gemäss Erklärung kann dieses Europa des Wissens „seinen Bürgern die notwendigen Kompetenzen für die Herausforderungen des neuen Jahrtausends ebenso vermitteln wie ein Bewusstsein für gemeinsame Werte und ein Gefühl der Zusammengehörigkeit zu einem gemeinsamen sozialen und kulturellen Raum".[5] Zur Stärkung der internationalen Wettbewerbsfähigkeit des europäischen Hochschulsystems und zur Entwicklung des europäischen Kontinents sollen bis 2010 sechs Massnahmen umgesetzt werden.[6] Für die vorliegende Kompetenzdiskussion von zentraler Bedeutung ist die Massnahme zur Förderung der europäischen Zusammenarbeit bei der Qualitätssicherung.

Parallel zum Bologna-Prozess war auch die Europäische Union (EU) aktiv: Im März 2000 verabschiedete der EU-Rat im Rahmen des Kopenhagen-Prozesses die ‚Lissabon-Strategie' (auch Lissabon-Prozess oder Lissabon-Agenda) mit dem strategischen Ziel, die „Union zum wettbewerbsfähigsten und dynamischsten wissensbasierten Wirtschaftsraum in der Welt zu machen – einem Wirtschaftsraum, der fähig ist, ein dauerhaftes Wirtschaftswachstum mit mehr und besseren Arbeitsplätzen und einem grösseren sozialen Zusammenhalt zu erzielen".[7]

---

4 Anlässlich der alle zwei Jahre stattfindenden Ministertreffen (Prag 2001; Berlin 2003; Bergen 2005; London 2007 und Leuven 2009) legten und legen die mittlerweile 46 Signatarstaaten fest, welche Ziele im Bologna-Prozess angestrebt werden sollen.
5 Siehe http://www.bologna-berlin2003.de/pdf/bologna_deu.pdf.
6 1) Einführung eines Systems leicht verständlicher und vergleichbarer Abschlüsse; 2) Einführung eines zweistufigen Systems von Studienabschlüssen; 3) Einführung eines Leistungspunktesystems; 4) Förderung der Mobilität von Studierenden und Lehrenden; 5) Förderung der europäischen Zusammenarbeit bei der Qualitätssicherung und 6) Förderung der europäischen Dimension in der Hochschulausbildung.
7 Siehe http://www.europarl.europa.eu/summits/lis1_de.htm?textMode=on#navigation_links.

Europäischer und schweizerischer Qualifikationsrahmen

Im Rahmen des Bologna-Prozesses betonten die Signatarstaaten an der zweiten Folgekonferenz in Berlin (2003), dass die Hauptverantwortung für die Qualitätssicherung gemäss dem Grundsatz der institutionellen Autonomie bei jeder Hochschule selber liege. Deshalb bekräftigten sie die Ausarbeitung der Qualifikationsrahmen *(qualifications frameworks)*[8] auf nationaler und internationaler Ebene. Der Europäische Qualifikationsrahmen (EQF) ist als zentraler politischer Auftrag folgendermassen skizziert:

> *„Die Ministerinnen und Minister empfehlen den Mitgliedstaaten, einen Rahmen vergleichbarer und kompatibler Hochschulabschlüsse für ihre Hochschulsysteme zu entwickeln, der darauf zielt, Qualifikationen im Hinblick auf Arbeitsbelastung, Niveau, Lernergebnisse, Kompetenzen und Profile zu definieren. Sie verpflichten sich ferner, einen übergreifenden Rahmen für Abschlüsse im Europäischen Hochschulraum zu entwickeln"* (Berlin Kommuniqué 2003).

Auf der Basis des dreistufigen Europäischen Qualifikationsrahmens für die *European Higher Education Area* (EQF-EHEA) verpflichteten sich die mittlerweile 45 Signatarstaaten in Bergen (2005), bis 2010 Nationale Qualifikationsrahmen (NQF) zu erstellen und mit deren Ausarbeitung bis 2007 zu beginnen. Zur Definition des Qualifikationsrahmens und der darin geltenden Bildungsstufen orientiert sich die europäische Debatte an den *Dublin Descriptors der Joint Quality Initiative* (JQI).[9] Diese umschreiben die jeweiligen Niveaus *(levels)* der Hochschulbildungsstufen *(cycles)* auf der Basis von Lernergebnissen *(learning outcomes)* bzw. Kompetenzen *(competences)* der Studierenden und basieren auf fünf Elementen: 1) Ausweis von Wissen und Verständnis; 2) Anwendung von Wissen und Verständnis; 3) studienfachbezogenes Bewerten und Beurteilen von relevanten sozialen, wissenschaftlichen und ethischen Fragen; 4) kommunikative Fertigkeiten und 5) die Selbstlernfähigkeit (vgl. dazu Kohler 2004). Hinsichtlich der Kompetenzen werden die *Dublin Descriptors* auf Fachhochschulebene nicht als allgemeine Definitionen von Bachelor- und Masterstudien-Kompetenzen aufgefasst. Vielmehr machen sie als

---

[8] Ein Qualifikationsrahmen ist eine systematische Beschreibung eines nationalen Bildungssystems, welche neben inputorientierten Angaben (Dauer Ausbildung in Jahren) insbesondere auch die Lernergebnisse und Kompetenzen beschreibt, die von den Absolvierenden outputorientiert erreicht werden sollen.
[9] Siehe http://www.jointquality.org.

Hilfs- oder ‚Navigationsmittel' den Unterschied zwischen Bachelor- und Masterstudiengängen sichtbar (KFH 2004a).[10] Aus diesem Grund wird nicht weiter darauf eingegangen.

Neben dem EQF-EHEA des Bologna-Prozesses legte die EU basierend auf der ‚Lissabon-Strategie' Ende 2006 einen achtstufigen Qualifikationsrahmen für lebenslanges Lernen vor (EQF-LLL) vor.[11] Dieser deckt die Bereiche von der obligatorischen Schule bis zur Tertiärstufe ab und zielt auf die Verbesserung der Integration des lebenslangen Lernens in die Bildungssysteme. Zudem soll er zur Anerkennung von Kenntnissen und Fähigkeiten beitragen, die ausserhalb der formalen Bildungswege erworben werden. Abbildung 2 zeigt die beiden Prozesse im Überblick.

Abbildung 2: Bologna-Prozess und Lissabon-Strategie im Überblick

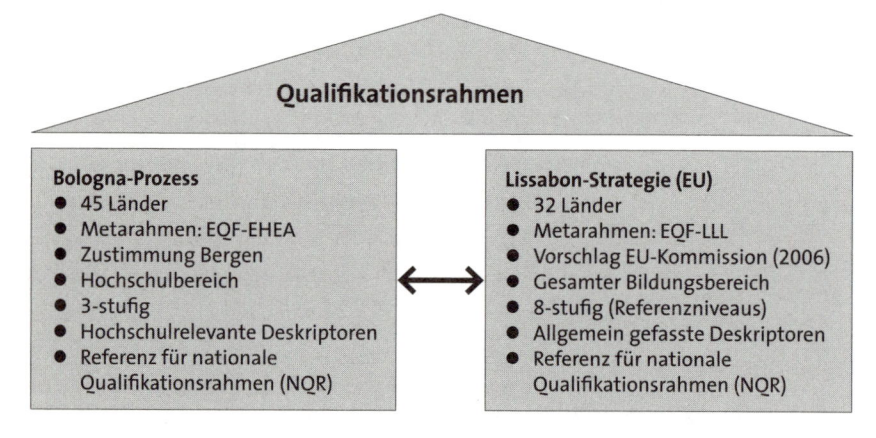

Qualifikationsrahmen

Bologna-Prozess	Lissabon-Strategie (EU)
• 45 Länder	• 32 Länder
• Metarahmen: EQF-EHEA	• Metarahmen: EQF-LLL
• Zustimmung Bergen	• Vorschlag EU-Kommission (2006)
• Hochschulbereich	• Gesamter Bildungsbereich
• 3-stufig	• 8-stufig (Referenzniveaus)
• Hochschulrelevante Deskriptoren	• Allgemein gefasste Deskriptoren
• Referenz für nationale Qualifikationsrahmen (NQR)	• Referenz für nationale Qualifikationsrahmen (NQR)

Vor dem Hintergrund dieser beiden Konzepte und gestützt auf die Bologna-Folgekonferenz von Bergen (2005), startete die Schweiz 2006 die Arbeiten zur Erstellung eines Nationalen Qualifikationsrahmens für den tertiären Bildungssektor. So beauftragte das Staatssekretariat für Bildung und Forschung (SBF) die Schweizerische Universitätsdirektorenkonferenz (CRUS), gemeinsam mit der Konferenz der Fachhochschulen (KFH) und der Schweizerischen Konferenz der Rektorinnen und Rektoren der Pädagogischen Hochschulen (SKPH) sowie in Zusammenarbeit mit dem Organ für Akkreditierung und Qualitätssicherung der schweizerischen Hochschulen (OAQ) einen Qualifikationsrahmen für den schweizerischen Hochschulbereich (nqf.ch-HS) auszuarbeiten.[12] Dieser hat zum

---

10   Inzwischen liegt ein Entwurf vor, welcher die Dublin Descriptors auf die Promotionsstufe ausweitet.
11   Siehe http://ec.europa.eu/education/policies/educ/eqf/com_2006_0479_de.pdf.
12   Im Juni 2008 wurde der nationale Qualifikationsrahmen (nqf.ch-HS) für den Hochschulbereich vom Leitungsausschuss der drei Rektorenkonferenzen mit Frist bis Ende Oktober 2008 in die Vernehmlassung geschickt. Die Verabschiedung erfolgt voraussichtlich 2009, siehe http://www.crus.ch/die-crus/analysiert-evaluiert/qualifikationsrahmen-nqfch-hs/vernehmlassung-2008.html?L=0.

Ziel, einen Gesamtüberblick über die Hochschulbildung an den Universitäten, Fachhochschulen und Pädagogischen Hochschulen zu geben. Dazu bezieht er die wichtigsten Angaben ein, die die Studienangebote des Hochschulsystems insgesamt charakterisieren: Qualifikationsstufen, Niveau der Lernergebnisse für jede Qualifikationsstufe, Profilbeschreibungen, ETCS-Credits, Abschlüsse und stufenspezifische Zulassungsbedingungen.

Die Kompatibilität des nqf.ch-HS mit verwandten Projekten des Bundesamtes für Berufsbildung und Technologie/BBT („NQF Berufsbildung") und der schweizerischen Erziehungsdirektorenkonferenz/EDK („HarmoS") ist über eine enge Zusammenarbeit sichergestellt.

Der Kompetenz-Begriff auf Hochschulebene

Kompetenzen versus Qualifikationen

In bildungspolitischer und berufspädagogischer Hinsicht ist zwischen den Begriffen ‚Kompetenz' und ‚Qualifikation' zu unterscheiden. Gemäss Duden wird der lateinische Begriff *competentia* vom Verb *competere* abgeleitet und bedeutet „zusammentreffen, ausreichen, zu etwas fähig sein, zustehen". Im wissenschaftlichen Sprachgebrauch im 19. Jahrhundert verankert, wurde er vor allem als Synonym für ‚Zuständigkeit' in der Rechtsphilosophie verwendet (Gauvain 1868, zitiert in Vonken 2005: 17). Der Kompetenz-Begriff wird heute im Kontext unterschiedlicher Theorietraditionen vielfältig interpretiert und lebhaft diskutiert. In der bildungspolitischen Diskussion fokussiert Kompetenz auf das lernende Individuum, ist ergebnisbezogen und beinhaltet „die bei Individuen verfügbaren oder durch sie erlernbaren kognitiven Fähigkeiten und Fertigkeiten, um bestimmte Probleme zu lösen, sowie die damit verbundenen motivationalen, volitionalen [gewollten] und sozialen Bereitschaften und Fähigkeiten, um die Problemlösungen in variablen Situationen erfolgreich und verantwortungsvoll nutzen zu können" (Weinert 2001: 27). Demgegenüber stellt der Qualifikationsbegriff eher eine nachfrageorientierte Sichtweise in den Vordergrund. Als ‚Qualifikationen' werden die für die Ausübung spezifischer beruflicher Tätigkeiten bzw. Positionen notwendigen Fähigkeiten, Fertigkeiten und Wissensbestände beschrieben, die sich normieren und zertifizieren lassen (vgl. Erpenbeck/Rosenstiel 2003: XI). Der Begriff steht in einer engen Beziehung zu Arbeit und beruflicher Tätigkeit und „benennt die Summe der für die Ausübung einer bestimmten Berufstätigkeit notwendigen Fertigkeiten, Fähigkeiten und Wissensbestände" (Hutter 2004: 8).

Dieser kurze Abriss zeigt, dass mit dem Kompetenz-Begriff eine Erweiterung der auf einen speziellen Beruf bezogenen Qualifikationen um allgemeine, auch auf die Persönlichkeitsentwicklung zielende Kompetenzen des lernenden Individuums stattfindet. Kompetenzdefinitionen beanspruchen angesichts gesellschaftlicher Veränderungen und technischer Fortschritte auch keinen abstrakten und statischen Status. Sie sind vielmehr einzubetten in einen dynamischen und dialektischen Beziehungsprozess zwischen arbeitsmarktlichen, gesellschaftlichen, politischen und subjektiven Bedürfnissen und Wertvorstellungen (Nägeli 2003: 13).

Wird der vorgängig erwähnte Europäische Qualifikationsrahmen als Basis für die Eingrenzung des Kompetenz-Begriffs auf Hochschulebene genommen, so sind die im Folgenden ausgeführten Kompetenzansätze von Bedeutung: das theoretisch-explikative DeSeCo-Schlüsselkompetenzen-Konzept der OECD, der empirisch-deskriptive *Generic-Competencies*-Ansatz des *Tuning*-Projektes der EU und die eher politisch-normativ ausgerichteten *Best-Practice*-Konzepte der Rektorenkonferenz der Fachhochschulen der Schweiz (KFH).

Der ganzheitliche Ansatz der OECD

Was benötigt eine Person, um im jeweiligen gesellschaftlichen Umfeld gut zu bestehen? Welche Kompetenzen sind wichtig, um einen Arbeitsplatz zu finden und die damit verbundenen Aufgaben zu erfüllen? Welche Eigenschaften werden benötigt, um mit dem technologischen Wandel Schritt zu halten? Diese zentralen Fragestellungen waren Grundlage des Projektes *Definition and Selection of Competencies (DeSeCo)* der OECD.[13] Es wurde 1997 ins Leben gerufen, um einen soliden konzeptuellen Rahmen für die Bestimmung von Schlüsselkompetenzen und die Unterstützung internationaler Studien zur Messung des Kompetenzniveaus von Jugendlichen und Erwachsenen zu entwickeln. Für die OECD-Bildungsministerinnen und -minister hängen nachhaltige Entwicklung und sozialer Zusammenhalt „entscheidend von den Kompetenzen der ganzen Bevölkerung ab – wobei der Begriff ‚Kompetenzen' Wissen, Fertigkeiten, Einstellungen und Wertvorstellungen umfasst" (Rychen/Salganik 2005: 6). Das *DeSeCo*-Projekt gliedert Schlüsselkompetenzen in drei Kategorien (vgl. Abb. 3).

Kernelement der drei Felder von Schlüsselkompetenzen bildet Reflexivität, d.h. die Fähigkeit zum eigenständigen Denken als Ausdruck mo-

---

13 Das DeSeCo-Schlüsselkompetenzen-Konzept wurde unter Federführung der Schweiz multidisziplinär und in Verbindung mit dem *Program for International Student Assessment* (PISA) entwickelt, siehe http://www.oecd.org/dataoecd/36/56/35693281.pdf.

Abbildung 3:
DeSeCo – drei Kategorien von Schlüsselkompetenzen

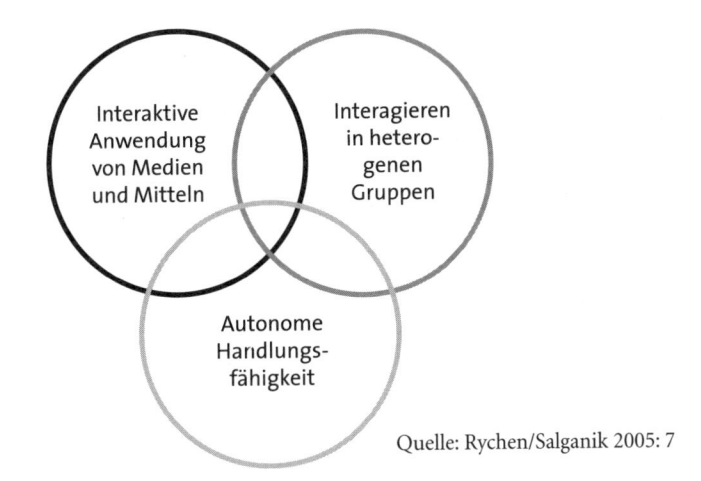

- Interaktive Anwendung von Medien und Mitteln
- Interagieren in heterogenen Gruppen
- Autonome Handlungsfähigkeit

Quelle: Rychen/Salganik 2005: 7

ralischer und intellektueller Reife. Weil die Felder vernetzt sind und ineinandergreifen, kommen die Kompetenzen je nach Lebensumständen (d.h. nach kulturellen Normen, Zugang zu Technologien und Machtverhältnissen) in unterschiedlichem Mass zum Zug. Das *DeSeCo*-Projekt ist holistisch, denn es versucht die „zentralen durch das nationale Bildungssystem zu vermittelnden Schlüsselkompetenzen ausgehend von einem umfassenden sozial- und kulturwissenschaftlichen Zusammenhang her zu begründen und zu definieren" (Nägeli 2003: 8).

Obwohl sich der beschriebene Kompetenzrahmen eher auf individuelle Kompetenzen als auf kollektive Fähigkeiten von Organisationen oder Gruppen bezieht, zeigt Abbildung 4, dass die Unterscheidung zwischen individuellen Kompetenzen und kollektiven Fähigkeiten nicht trennscharf ist. Vielmehr wirkt sich die Summe der individuellen Kompetenzen auch auf die Fähigkeit einer Gemeinschaft aus, übergreifende Ziele zu erreichen.

Abbildung 4:
Individuelle und kollektive Ziele und Kompetenzen

Individueller Erfolg
Einschliesslich:
- Bezahlter Tätigkeit, Einkommen
- Gesundheit und Sicherheit
- Teilnahme am politischen Geschehen
- Sozialer Netze

Erfolg für die Gesellschaft
Einschliesslich:
- Wirtschaftlicher Produktivität
- Demokratischer Prozesse
- Sozialer Kohäsion, Gleichheit und Menschenrechten
- Ökologischer Nachhaltigkeit

erfordern
- Individuelle Kompetenzen
- Institutionelle Kompetenzen
- Anwendung individueller Kompetenzen als Beitrag zur Erreichung kollektiver Ziele

Quelle: Rychen/Salganik 2005: 8

An einer Hochschule beispielsweise tragen die individuellen Kompetenzen von Studierenden und Lehrenden, Forschenden und Mitarbeitenden der Führungsebene zum Gesamterfolg bei. Daraus folgt, dass der *DeSeCo*-Referenzrahmen nicht nur die Kompetenzen betrifft, welche in der Schule gefördert werden, sondern ebenso diejenigen, die im Laufe des Lebens erworben werden können. Damit stellt das Konzept einen einheitlichen Bezugsrahmen für Forschungsvorhaben aller Bildungsstufen wie auch für Kompetenzmessungen bei Erwachsenen dar (Rychen/Salganik 2005: 19). Ausserdem kann das Konzept der Schlüsselkompetenzen im Rahmen des aufgezeigten Europäischen Qualifikationsrahmens sowohl auf den Bologna-Prozess (EQF-EHEA) als auch auf die Lissabon-Strategie des lebenslangen Lernens (EQF-LLL) angewendet werden (vgl. Abb. 2).

Der pragmatische Weg der EU

Das *Projekt Tuning Educational Structures in Europe* (Tuning-Projekt) gründet auf der ‚Bologna-Erklärung' und war Gegenstand der Folgekonferenzen von Prag, Berlin und Bergen. Im Gegensatz zum OECD-Konzept wurde in diesem Pilotprojekt das Kompetenzenset nicht theoretisch, sondern aus der einschlägigen Literatur bzw. nach praktisch-pragmatischen Überlegungen hergeleitet und danach empirisch validiert.[14] Kompetenzen werden hier verstanden als eine „*combination of attributes (with respect to knowledge and its application, attitudes, skills and responsabilities) that describe the level or degree to which a person is capable of performing them*" (Final Report Pilot Project – Phase 1, 2003: 69). In der ersten Phase wurden insgesamt 85 verschiedene ‚Kompetenzen' der Literatur entnom-

Tabelle 1:
Gruppierung der Fähigkeiten gemäss Tuning-Projekt der EU

Gruppen	Fähigkeiten
instrumental	• Kognitiv (Ideen verstehen und bearbeiten können) • Methodologisch (Überzeugungs-, Lernstrategie-, Entscheidungs-, Problemlösungsfähigkeit) • Technologisch (Handhabung von Hilfsmitteln und Geräten) • Linguistisch (mündliche und schriftliche Kommunikation in mind. einer Fremdsprache)
interpersonal	• Fähigkeit, sich selber emotional auszudrücken • Fähigkeit, sich kritisch und auch selbstkritisch auszudrücken • Soziale Fähigkeit (insbesondere Teamwork) • Fähigkeit, soziale und/oder ethische Verpflichtungen auszudrücken
systemisch	• Fähigkeit, neue Systeme zu planen • Fähigkeit, Innovationen einzubringen und Veränderungsprozesse einzuleiten

Quelle: Final Report Pilot Project – Phase 1, 2003: 71, eigene Darstellung

---

14 Tuning Educational Structures in Europe: Final Report Pilot Project – Phase 1 (2003); Final Report Pilot Project – Phase 2 (2005), siehe http://tuning.unideusto.org/tuningeu/.

men und in einer Häufigkeitsanalyse auf 30 verdichtet. Darauf wurde der Kompetenzenkatalog in drei Untergruppen eingeteilt (vgl. Tab. 1).
Im Gegensatz zum Konzept des *DeSeCo*-Projekts fehlt hier jede sozialwissenschaftliche Begründung für die Bestimmung der postulierten Kernkompetenzen (Nägeli 2003: 8). Interessant ist dennoch, dass beide Qualifikationsrahmen, EQF-EHEA und EQF-LLL, mit dem Tuning-Ansatz wie auch mit dem *DeSeCo*-Ansatz kohärent sind.

Das Best-Practice-Konzept der KFH

Mit dem *Best-Practice*-Konzept, einem eher politisch-normativen Ansatz, lehnt sich die KFH im Wesentlichen an das *Tuning*-Projekt an. Dabei ist unter Bezugnahme zur Bologna-Reform ein Abschnitt den zu erwerbenden Kompetenzen als ‚learning outcomes' gewidmet. In den Fachhochschulen werden diese in einem *Top-Down-Design* vom Studiengang über die Module bis zu den Kursen hinuntergebrochen. Das Konzept geht hier von den folgenden vier Dimensionen von Kompetenzen aus (KFH 2004a: 10–12):

- **Fachkompetenz:** verschiedene Arten von Wissen und kognitiven Fähigkeiten
- **Methodenkompetenz:** Fähigkeit, Fachwissen geplant und zielgerichtet bei der Lösung von beruflichen Aufgaben umzusetzen
- **Sozialkompetenz:** Fähigkeiten, soziale Beziehungen im beruflichen Kontext zu gestalten
- **Selbstkompetenz:** Fähigkeit, die eigene Person als Werkzeug in die berufliche Tätigkeit einzubringen

Im *Best-Practice*-Konzept der KFH geht es grundsätzlich um den Kompetenzerwerb der Studierenden. Es ist aber ohne Weiteres auf den Qualifikationsrahmen des lebenslangen Lernens und damit auf den Kompetenzerwerb aller Angehörigen einer Fachhochschule anwendbar.
Die drei Konzepte von OECD, EU und KFH mit ihrer je eigenen Annäherung an den Kompetenz-Begriff sind Teil der externen und internen Rahmenbedingungen unseres einleitend dargestellten Gender-Kompetenz-Modells (Abb. 1 bzw. 6).

Gender-Kompetenz als Schlüsselqualifikation

Im Folgenden werden das Gleichstellungsgebot im Rahmen der hochschulpolitischen Bildungsagenda von OECD und EU sowie die einschlägigen gesetzlichen Grundlagen der Schweiz skizziert. Anschliessend sei eine Definition von Gender-Kompetenz vorgestellt, die bei der Analyse und Beschreibung von Gender-Kompetenz an (Fach-)Hochschulen) beigezogen werden kann. Basis dafür bilden neben dem DeSeCo-Schlüsselkompetenzen-Ansatz und dem Tuning-Projekt insbesondere die vier Kompetenzdimensionen des Best-Practice-Konzepts der KFH (siehe Abb. 5).

Das Gleichstellungsgebot im europäischen und schweizerischen Kontext

Die Gleichstellung der Geschlechter und die damit verbundene Forderung nach Chancengleichheit sind Bestandteil der Bologna-Reform. So bekräftigten die europäischen Bildungsministerinnen und -minister an der Folgekonferenz in Berlin 2003 die soziale Dimension des Bologna-Prozesses folgendermassen:

> *„Die Notwendigkeit, die Wettbewerbsfähigkeit zu verbessern, muss mit dem Ziel, der sozialen Dimension des Europäischen Hochschulraums grössere Bedeutung zu geben, in Einklang gebracht werden; dabei geht es um die Stärkung des sozialen Zusammenhalts sowie den Abbau sozialer und geschlechtsspezifischer Ungleichheit auf nationaler und europäischer Ebene."*[15]

Auch der EU-Rat verlangt in der ‚Lissabon-Strategie' die „Förderung der Chancengleichheit in allen ihren Aspekten, darunter auch Reduzierung der geschlechtsspezifischen Unterschiede im Beschäftigungsbereich und Erleichterung der Vereinbarkeit von Arbeits- und Familienleben".[16]

Diesen normativen externen Vorgaben entsprechen die gesetzlichen Grundlagen der Schweiz als interne Rahmenbedingungen: Seit bald 30 Jahren ist die Gleichstellung der Geschlechter in der Bundesverfassung verankert. Neben dem Diskriminierungsverbot verlangt das Gleichstellungsgebot, dass das Gesetz für die rechtliche und tatsächliche Gleichstellung vor allem in Familie, Ausbildung und Arbeit sorgt.[17] Gestützt auf die

---

[15] Vgl. dazu Präambel Berlin Kommuniqué der Konferenz der europäischen Hochschulministerinnen und -minister.
[16] Siehe http://www.bmwa.gv.at/NR/rdonlyres/2327D88E-1ED4-4CAE-9C7C-B67053C66DBC/0/SchlussfLissabon2000.pdf.
[17] Art. 8 Abs. 2 und 3 Bundesverfassung; SR 101.

Verfassung, bezweckt das Gleichstellungsgesetz die tatsächliche Gleichstellung von Frau und Mann und konkretisiert das Diskriminierungsverbot im Erwerbsleben. Im Bereich der Ausbildung enthält das 2005 teilrevidierte Fachhochschulgesetz den Auftrag an die Fachhochschulen, die tatsächliche Gleichstellung von Frauen und Männern zu fördern.[18] Aufgrund dieser Erlasse hat die Umsetzung der Chancengleichheit in der Hochschulpolitik des Bundes einiges Gewicht: Sowohl für die Universitäten wie für die Fachhochschulen werden Programme zur Förderung von Frauen finanziert.[19] Mit dem ‚Aktionsplan 2008–2011' stellt das Bundesamt für Berufsbildung und Technologie (BBT) das dritte Mehrjahresprogramm für die Fachhochschulen bereit. In seinem ersten Aktionsplan ‚Chancengleichheit von Frau und Mann an den Fachhochschulen' für die Jahre 2000 bis 2003 gab das BBT unter anderem die Förderung der Gleichstellung von Frau und Mann als Qualitätskriterium der Schulen und Bestandteil ihrer Entwicklungsstrategie vor. Von den insgesamt sieben Strategiezielen des zweiten Aktionsplans (2004–2007) ist für unsere Ausführungen folgende Absichtserklärung zentral:

> *„Dozierende, Führungskräfte und Studierende entwickeln ihre Gender-Kompetenz. Sie lernen Resultate der Geschlechterforschung kennen und schärfen ihren Blick für die Wahrnehmung von Differenzen zwischen Frauen und Männern."*[20]

Gestützt auf eine Vorlage ihrer Fachkommission Chancengleichheit, gab die KFH Mitte 2005 die Empfehlung ‚Standards für die Gleichstellungsarbeit an den Fachhochschulen' heraus (KFH 2004b). Diese enthält vier Qualitätsbereiche: 1) Gleichstellungspolitik, 2) Organisation der Gleichstellungsarbeit, 3) Kultur sowie 4) Instrumente der Gleichstellungsarbeit. Begleitet werden die Standards von einem Leitfaden zu deren Überprüfung. Seit Mai 2007 sind die Empfehlungen der KFH Bestandteil der ‚Richtlinien des EVD für die Akkreditierung von Fachhochschulen und Studiengängen'. Der deutsche Akkreditierungsrat hat bereits 2005 gestützt auf den Bologna-Prozess ‚Gender' als Prüfkriterium in die Empfehlungen für die Akkreditierungsagenturen aufgenommen (vgl. Dudeck/Jansen-Schulz 2007).

---

18 Art. 3 Abs. 5 lit. c. Bundesgesetz über die Fachhochschulen (Fachhochschulgesetz, SR 414.71). Die Gleichstellung von Frau und Mann wurde mit der Gesetzesrevision 2005 aufgenommen und ist in der Verordnung über Aufbau und Führung von Fachhochschulen (Fachhochschulverordnung, FHSV) weiter konkretisiert.
19 Für die Fachhochschulen siehe http://www.bbt.admin.ch/themen/hochschulen/00218/00230/index.html?lang=de.
20 Siehe http://www.bbt.admin.ch/themen/hochschulen/00218/00230/index.html?.

Auf Universitätsebene wurde im Jahr 2000 das Bundesprogramm ‚Chancengleichheit von Frau und Mann' gestartet.[21] Gemäss Ausführungsplan zur dritten Programmphase (2008–2011) „zeigen internationale und europäische Studien aus Wissenschaft und Wirtschaft, dass hervorragend ausgebildete Frauen das am stärksten vernachlässigte Potenzial an qualifizierten Arbeitskräften darstellen". Erklärtes Ziel ist es insbesondere, den Anteil der Professorinnen von 14% (2006) auf 25% (2012) zu erhöhen. Zudem sei die Zusammenarbeit der Universitäten für Massnahmen im Bereich der Chancengleichheit zu intensivieren.[22]

Nach den eingangs skizzierten externen und internen Rahmenbedingungen von Gender-Kompetenz auf europäischer und nationaler Ebene stellt sich die Frage, wie Gender-Kompetenz auf Fachhochschulebene zu verstehen und zu bestimmen sei. Als Voraussetzung dazu wird zunächst eine Klärung des Begriffs ‚Gender' vorgenommen.

Gender – das sozial konstruierte Geschlecht

Traditionelle Bilder von Frauen und Männern beinhalten unausgesprochen die Zuschreibung von biologisch determinierten und deutlich abgrenzbaren Geschlechterrollen. Heute ist diese Sichtweise ausgesprochen umstritten: Die Frauen- und Geschlechterforschung hat deutlich gemacht, dass zwischen biologischem *(sex)* und sozial konstruiertem Geschlecht *(gender)* unterschieden werden muss. Disziplinenübergreifend geht die Geschlechterforschung heute davon aus, dass ‚Männlichkeit' und ‚Weiblichkeit' im Rahmen sozialer Interaktionen wie durch gesellschaftlich-strukturelle Voraussetzungen hervorgebracht werden. Bestimmungen des sozialen Geschlechts erfolgen immer situativ und kontextspezifisch, sie sind variabel und veränderbar. Daraus folgt, dass nicht nur das Wissen über die in der Kindheit erlernten Rollenmuster, sondern auch späteres, ja lebenslanges Lernen unabdingbar sind. Die Münchner Soziologin Carmen Tatschmurat betont: „Beide Geschlechter arbeiten sowohl an der Aufrechterhaltung wie an der Veränderung der Geschlechterbilder mit" (Tatschmurat 2004: 231).

Gender – oder eben das in sozialen Interaktionen hergestellte Geschlecht – ist zutiefst in den Alltag eingeschrieben, denn alle sozialen, kulturellen, politischen und normsetzenden Systeme sind sowohl formell als auch informell mit vergeschlechtlichten Konnotationen unterlegt. Ohne das

---

21 Das Bundesprogramm Chancengleichheit (BPCG) von Frau und Mann an Schweizer Universitäten basiert auf dem Universitätsförderungsgesetz von 1999 und beinhaltet die Förderung der Chancengleichheit von Frau und Mann.
22 Siehe http://www.crus.ch/information-programme/chancengleichheit.html.

Wissen um den Alltag des Frau- oder Mann-Seins in seiner asymmetrischen Ausprägung sind individuelle, kollektive und strukturelle Veränderungen schwierig. Deshalb muss Gender als Strukturkategorie in alle Formen analytischer Betrachtung beruflichen Handelns einbezogen werden. Entscheidend ist dabei der Wille, die Bedeutung sozialer Konstruktionen für Differenz und Ungleichheit im Geschlechterverhältnis zu erkennen und die Entwicklung von geschlechtersensiblen Betrachtungsweisen in allen Aspekten gesellschaftlichen Handelns voranzutreiben.

Gender-Kompetenz als Begriff

Ein Blick in die Literatur zeigt: Gender-Kompetenz ist weder eindeutig definiert noch klar umschrieben, sondern wird in unterschiedlicher Weise diskutiert. So wird etwa festgestellt: „In fachlich-inhaltlicher Hinsicht ist unter Gender-Kompetenz das Wissen (beschrieben), in Verhalten und Einstellungen von Frauen und Männern soziale Festlegungen im (privaten, beruflichen, universitären) Alltag zu erkennen und die Fähigkeit, so damit umzugehen, dass beiden Geschlechtern neue und vielfältige Entwicklungsmöglichkeiten eröffnet werden" (Metz-Göckel/Roloff 2002: 2). Ein weiterer Ansatz begreift Gender-Kompetenz überdies als „Synthese von Kenntnissen, Fähigkeiten und Fertigkeiten, die durch Erkenntnisprozesse evoziert, erprobt und angeeignet werden [...] und eine individuelle Auseinandersetzung mit dem persönlichen und gesellschaftlichen ‚Gewordensein' provozieren" (Thiessen 2005: 262).

Grossen Stellenwert in der aktuellen Diskussion besitzt Gender-Kompetenz als Schlüsselqualifikation. Allgemein formuliert gelten Schlüsselqualifikationen als „erwerbbare Fähigkeiten, Einstellungen, Strategien, Wissenselemente, die bei der Lösung von Problemen und beim Erwerb neuer Kompetenzen in möglichst vielen Inhaltsbereichen von Nutzen sind, so dass eine Handlungsfähigkeit entsteht, die es ermöglicht, sowohl individuellen Bedürfnissen als auch gesellschaftlichen Anforderungen gerecht zu werden" (Bildungskommission Nordrhein-Westfalen 1995: 32). Marianne Schmidbauer (2004) geht einen Schritt weiter, indem sie ‚Schlüsselqualifikationen' zu drei Gruppen von Fähigkeiten und Kompetenzen zusammenfasst:
– persönlich-soziale Fähigkeiten (Einstellungen, normative Orientierungen, Eigenschaften, kommunikative Kompetenzen);
– methodisch-instrumentelle Fähigkeiten (sprachliche Kompetenzen, Umgang mit Medien, Kompetenz zum Erwerb weiterer Kompetenzen) und

– gesellschaftspolitisch relevante Fähigkeiten und Kompetenzen (Gerechtigkeitskompetenz i.S. einer Sensibilität für Recht und Unrecht) (Schmidbauer 2004: 121).

Diese allgemeinen Beschreibungen von Schlüsselqualifikationen beinhalten die Vorstellung einer soziokulturellen Gestaltbarkeit der Gesellschaft. Hier wird Gender-Kompetenz in ihrer zentralen Bedeutung für gesellschaftliche Entwicklung ersichtlich, indem sie die Chancengleichheit der Geschlechter wirksam unterstützt. Vor diesem Hintergrund kann Gender-Kompetenz durchaus als Schlüsselqualifikation verstanden werden, denn „Chancengleichheit herzustellen ist nicht allein Sache der Frauen, sondern wird zum gesellschaftlich gewünschten Tatbestand, damit Potenziale, die in Wissenschaft, Wirtschaft, Technik und Gesellschaft eingebracht werden können, nicht aufgrund traditionell-stereotypischer geschlechtsbezogener Beschränkungen verloren gehen" (Metz-Göckel/Roloff 2002: 2). Durch Gender-Kompetenz können bestehende Rollenmuster hinterfragt werden und – zugunsten einer geschlechtergerechteren Gesellschaft – Entfaltungsmöglichkeiten für beide Geschlechter bieten.

Gender-Kompetenz als Systematik

Wie lässt sich Gender-Kompetenz im engeren Sinn inhaltlich beschreiben und veranschaulichen?[23] Um diese Frage zu beantworten, dienen im vorliegenden Handbuch die vier Kompetenzdimensionen aus der berufspädagogischen Diskussion. In einem ersten Schritt sei eine Definition vorgestellt. Unter Berücksichtigung der oben aufgeführten Begrifflichkeiten wird Gender-Kompetenz darauf in die vier Kompetenzdimensionen des *Best-Practice*-Konzepts der KFH (2004) übersetzt. Abschliessend werden die Überlegungen zusammengefasst und in einer Synthese dargestellt.

> *Definition:*
> *Gender-Kompetenz umfasst das Wissen über Geschlechterverhältnisse und deren Ursachen sowie die Fähigkeit, dieses Wissen im alltäglichen Handeln anzuwenden und auf individueller Ebene zu reflektieren. Gender-kompetentes Handeln zielt auf die individuelle und gesellschaftliche Auseinandersetzung mit Geschlechterkonstruktionen und daran anschliessenden Ungleichheiten und bildet grundlegendes Element der Gleichstellung von Frau und Mann.*

---

23 Ansätze dazu finden sich etwa in den Arbeiten des Gender-KompetenzZentrums Berlin und des Gender-Instituts Sachsen-Anhalt (GISA), welche Gender-Kompetenz in die drei Elemente ‚Wissen', ‚Wollen' und ‚Können' unterteilen, siehe http://www.genderkompetenz.info/genderkompetenz.

Abbildung 5:
Systematik von Gender-Kompetenz

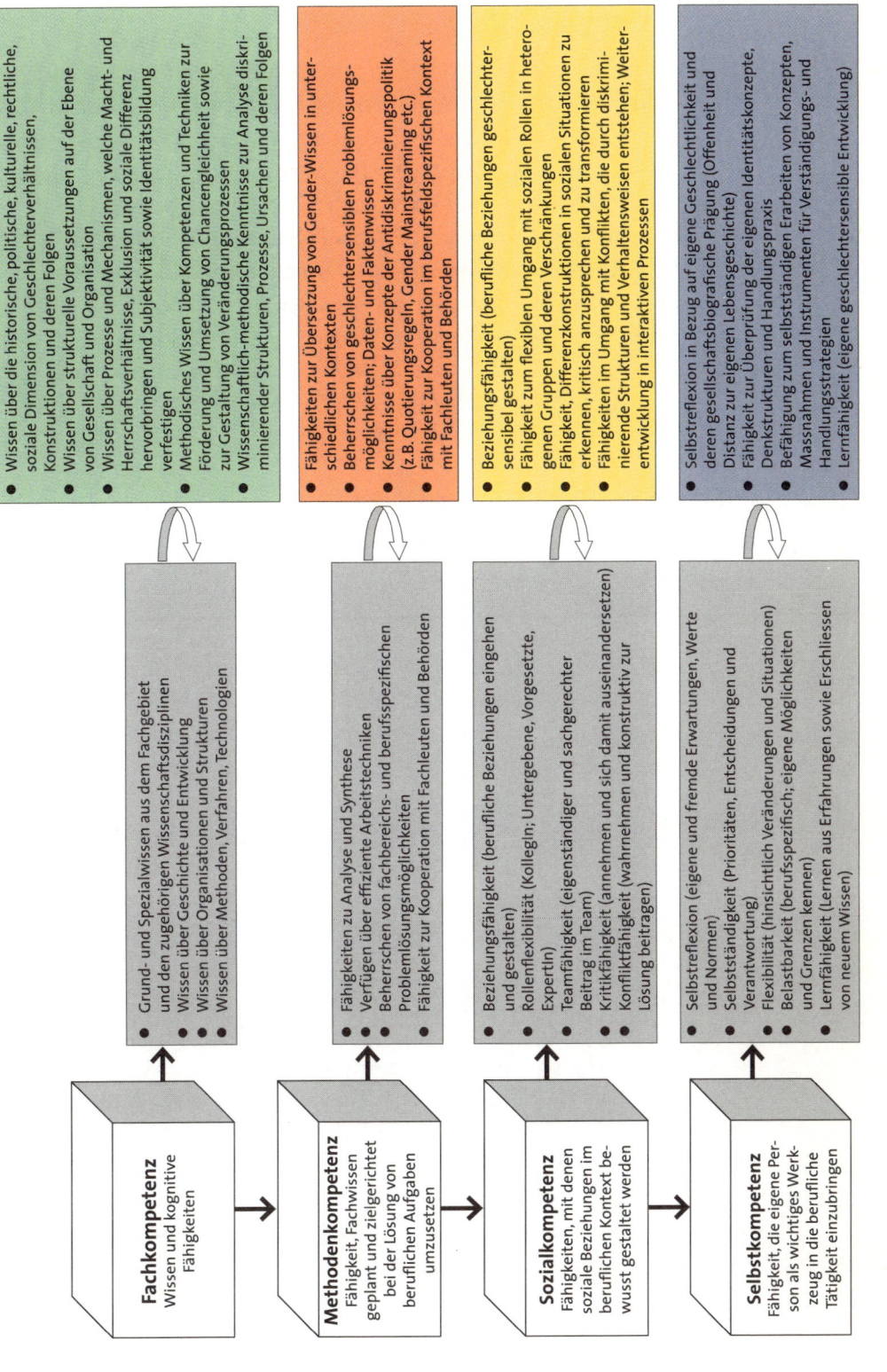

Fachkompetenz
Wissen und kognitive Fähigkeiten

- Grund- und Spezialwissen aus dem Fachgebiet und den zugehörigen Wissenschaftsdisziplinen
- Wissen über Geschichte und Entwicklung
- Wissen über Organisationen und Strukturen
- Wissen über Methoden, Verfahren, Technologien

↓

- Wissen über die historische, politische, kulturelle, rechtliche, soziale Dimension von Geschlechterverhältnissen, Konstruktionen und deren Folgen
- Wissen über strukturelle Voraussetzungen auf der Ebene von Gesellschaft und Organisation
- Wissen über Prozesse und Mechanismen, welche Macht- und Herrschaftsverhältnisse, Exklusion und soziale Differenz hervorbringen und Subjektivität sowie Identitätsbildung verfestigen
- Methodisches Wissen über Kompetenzen und Techniken zur Förderung und Umsetzung von Chancengleichheit sowie zur Gestaltung von Veränderungsprozessen
- Wissenschaftlich-methodische Kenntnisse zur Analyse diskriminierender Strukturen, Prozesse, Ursachen und deren Folgen

Methodenkompetenz
Fähigkeit, Fachwissen geplant und zielgerichtet bei der Lösung von beruflichen Aufgaben umzusetzen

- Fähigkeiten zu Analyse und Synthese
- Verfügen über effiziente Arbeitstechniken
- Beherrschen von fachbereichs- und berufsspezifischen Problemlösungsmöglichkeiten
- Fähigkeit zur Kooperation mit Fachleuten und Behörden

↓

- Fähigkeiten zur Übersetzung von Gender-Wissen in unterschiedlichen Kontexten
- Beherrschen von geschlechtersensiblen Problemlösungsmöglichkeiten; Daten- und Faktenwissen
- Kenntnisse über Konzepte der Antidiskriminierungspolitik (z.B. Quotierungsregeln, Gender Mainstreaming etc.)
- Fähigkeit zur Kooperation im berufsfeldspezifischen Kontext mit Fachleuten und Behörden

Sozialkompetenz
Fähigkeiten, mit denen soziale Beziehungen im beruflichen Kontext bewusst gestaltet werden

- Beziehungsfähigkeit (berufliche Beziehungen eingehen und gestalten)
- Rollenflexibilität (KollegIn; Untergebene, Vorgesetzte, ExpertIn)
- Teamfähigkeit (eigenständiger und sachgerechter Beitrag im Team)
- Kritikfähigkeit (annehmen und sich damit auseinandersetzen)
- Konfliktfähigkeit (wahrnehmen und konstruktiv zur Lösung beitragen)

↓

- Beziehungsfähigkeit (berufliche Beziehungen geschlechtersensibel gestalten)
- Fähigkeit zum flexiblen Umgang mit sozialen Rollen in heterogenen Gruppen und deren Verschränkungen
- Fähigkeit, Differenzkonstruktionen in sozialen Situationen zu erkennen, kritisch anzusprechen und zu transformieren
- Fähigkeiten im Umgang mit Konflikten, die durch diskriminierende Strukturen und Verhaltensweisen entstehen; Weiterentwicklung in interaktiven Prozessen

Selbstkompetenz
Fähigkeit, die eigene Person als wichtiges Werkzeug in die berufliche Tätigkeit einzubringen

- Selbstreflexion (eigene und fremde Erwartungen, Werte und Normen)
- Selbstständigkeit (Prioritäten, Entscheidungen und Verantwortung)
- Flexibilität (hinsichtlich Veränderungen und Situationen)
- Belastbarkeit (berufsspezifisch; eigene Möglichkeiten und Grenzen kennen)
- Lernfähigkeit (Lernen aus Erfahrungen sowie Erschliessen von neuem Wissen)

↓

- Selbstreflexion in Bezug auf eigene Geschlechtlichkeit und deren gesellschaftsbiografische Prägung (Offenheit und Distanz zur eigenen Lebensgeschichte)
- Fähigkeit zur Überprüfung der eigenen Identitätskonzepte, Denkstrukturen und Handlungspraxis
- Befähigung zum selbstständigen Erarbeiten von Konzepten, Massnahmen und Instrumenten für Verständigungs- und Handlungsstrategien
- Lernfähigkeit (eigene geschlechtersensible Entwicklung)

Beim Versuch einer Systematisierung von Gender-Kompetenz dienen uns die in diesem Kapitel beschriebenen Qualifikationsrahmen sowie die Kompetenzkonzepte von OECD, EU und KFH. Wie sich zeigt, lassen sich das *DeSeCo*-Schlüsselkompetenzen-Konzept der OECD und seine drei Kompetenzdimensionen ‚Interaktive Anwendung von Medien und Mitteln', ‚Interagieren in heterogenen Gruppen' sowie ‚Autonome Handlungsfähigkeit' gut in die Systematik einfügen. Dasselbe gilt für den *Tuning*-Ansatz der EU mit den drei Gruppen ‚instrumental', ‚interpersonal' und ‚systemisch'. Bei einer gesamthaften Betrachtung wird deutlich, dass die aufgeführten Kompetenz-Modelle mit dem *Best-Practice*-Konzept der KFH korrespondieren. Die Zusammenführung dieser Modelle resultiert in einer umfassenden Systematik von Gender-Kompetenz.

Gender-Kompetenz: Theorie und Praxis

Seit den 1990-er Jahren ist das Bildungssystem in Europa wie in der Schweiz in Bewegung geraten. Im Laufe dieser Entwicklung und mit dem Ziel der Etablierung eines europäischen Bildungsraums gab es zahlreiche Bemühungen, eine allgemein verbindliche Definition des Kompetenz-Begriffs zu erarbeiten. Zu ihnen zählen die gesamteuropäischen Reformen im tertiären Bildungssektor, wie sie mit dem Europäischen Qualifikationsrahmen (EQF-EHEA und EQF-LLL) sowie den verschiedenen übernationalen Kompetenzkonzepten einhergehen (vgl. DeSeCo-Schlüsselkompetenzen-Konzept der OECD, Tuning-Ansatz der EU). Für die Schweiz von Belang sind neben diesen Ansätzen die Kompetenz-Bestimmungen der KFH (Best Practice-Konzept) wie auch der Nationale Qualifikationsrahmen (nqr.ch-HS).
Auch die Bestimmung von Gender-Kompetenz unterliegt vielfältigen Einflussfaktoren. Von zentraler Bedeutung sind hier die gleichstellungspolitischen Zielsetzungen von ‚Bologna-Erklärung' und ‚Lissabon-Strategie'. Zusammen mit den spezifischen schweizerischen Vorgaben kann mit Blick auf praxisorientierte Handlungsweisen der Bildungsinstitutionen und ihrer Mitarbeitenden eine Basis für entsprechende Definitionen gelegt werden.
Abbildung 6 verdeutlicht noch einmal die Vielfalt der Kontextfaktoren, die in die Erarbeitung der hier vorgestellten Systematik zu Gender-Kompetenz eingeflossen sind. Dabei soll die Darstellung auch illustrieren, dass Gender-Kompetenz-Definitionen nicht nur als Resultat gesellschaftlicher, bildungs- und hochschulpolitischer Rahmenbedingungen betrachtet

Externe Rahmenbedingungen
Kompetenz-Begriff Europa
− Qualifikationsrahmen
− Kompetenzkonzepte OECD und EU

Externe Rahmenbedingungen
Gender-Kompetenz Europa
− Bologna-Prozess (OECD)
− Lissabon-Strategie (EU)

Gender-
- Fachkompetenz
- Methodenkompetenz
- Sozialkompetenz
- Selbstkompetenz

Interne Rahmenbedingungen
Kompetenz-Begriff Schweiz
− Best Practice KFH
− Qualifikationsrahmen (nqr.ch-HS)

Interne Rahmenbedingungen
Gender-Kompetenz Schweiz
− gesetzliche Grundlagen
− Bundesprogramm Chancengleichheit

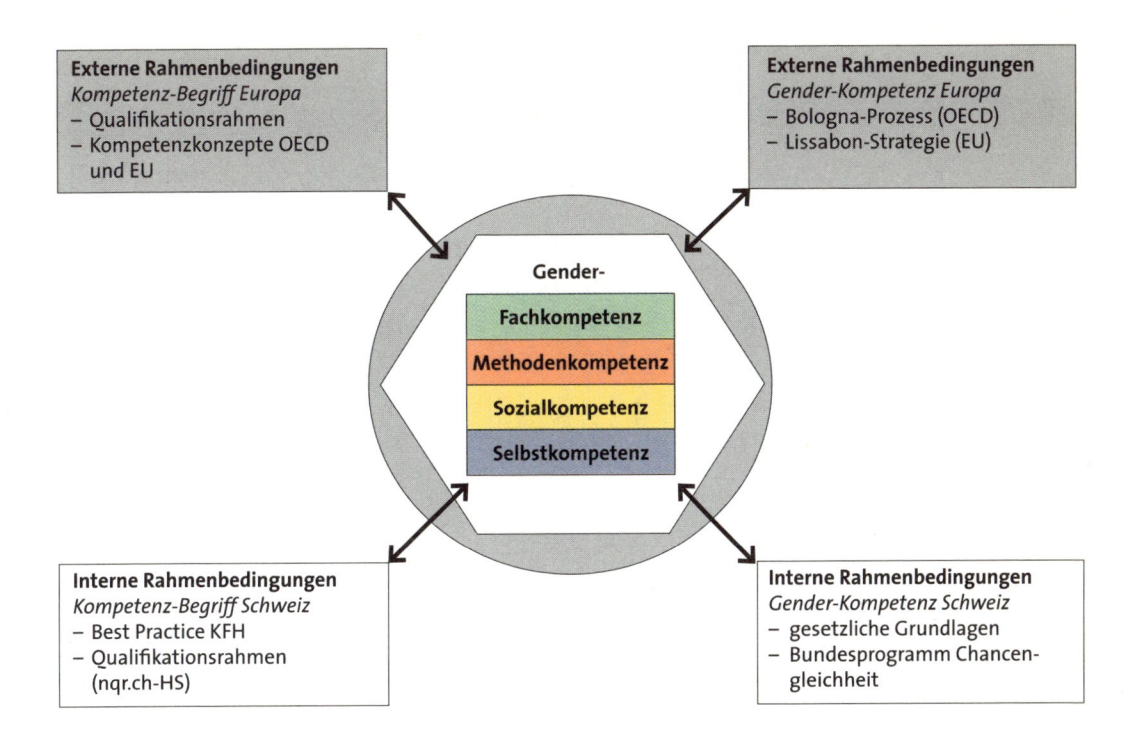

Abbildung 6: Gender-Kompetenz-Modell

werden können, sondern durchaus auch gesellschaftlich-politische Diskurse und Entwicklungen zu beeinflussen vermögen.

Vor dem Hintergrund umfassender Transformationen in Gesellschaft und Arbeitswelt stellen sich heute in fachlicher wie persönlicher Hinsicht wachsende Anforderungen. Eine qualitativ hochstehende Grundbildung und ein vielfältiges Angebot im Bereich der Aus- und Weiterbildung sind zentrale Merkmale eines Bildungswesens, das darauf zielt, die Lern- und Berufsfähigkeit der Menschen als lernende Individuen zu erhalten.

Für Hochschulabsolventinnen und -absolventen ist Gender-Kompetenz als Ausdruck erlebter Bildungsqualität ein Gewinn. Ein ‚gelernter' Bauingenieur oder eine ‚gelernte' Betriebsökonomin etwa mit besten Abschlussnoten steht in der Praxis vor weniger Problemen, wenn er oder sie über Gender-Kompetenz verfügt. Als Fach- und Kaderleute sind sie in der Lage, mit ihrem Gender-Wissen und ihren Fähigkeiten in ihrem Berufsfeld zum Abbau von sozialen und geschlechtsspezifischen Ungleichheiten beizutragen. Zusätzlichen Gewinn bringt Gender-Kompetenz auch in ausserberuflicher Hinsicht: gender-kompetent ausgebildete Frauen und Männer werden mit Blick auf die Zukunft ihrer Kinder und die Familienarbeit ihre Identitätskonzepte, Denkmuster und Handlungsweisen überprüfen. So gesehen ermöglicht der Erwerb von Gender-Kompetenz, dass

„beiden Geschlechtern neue und vielfältige Entwicklungsmöglichkeiten eröffnet werden" (Metz-Göckel/Roloff 2002).

Damit Gender-Kompetenz in Aus- und Weiterbildung an (Fach-)Hochschulen vermittelt werden kann, muss diese allerdings auch eine integrale Eigenschaft der Hochschulleitungen und des erweiterten Leistungsauftrags der Hochschulen sein. Nicht nur als Bildungsinstitutionen, sondern auch als Arbeitgeberinnen sind sie in der Pflicht, die Gender-Kompetenz ihrer Mitarbeiterinnen und Mitarbeiter im Sinne des lebenslangen Lernens innovativ und vorausschauend zu fördern und das Potenzial von Frauen und Männern besser auszuschöpfen.

Mit Blick auf diese Überlegungen kann das hier vorgestellte Modell als Basis dienen, um Gender-Kompetenz in den Hochschulen zu entwickeln und das gesellschaftlich angestrebte Ziel der Chancengleichheit wirksam zu unterstützen. So gesehen bildet gelebte Gender-Kompetenz eine trag- und zukunftsfähige Brücke von der rechtlichen zur tatsächlichen Gleichstellung von Frau und Mann.

3
Gender-Kompetenz: Eine Anleitung zur Selbstevaluation für Hochschulen und ihre Mitarbeitenden

Wie stehen die (Fach-)Hochschulen, ihre Institute, Führungskräfte und Dozierenden zu Geschlechter- und Gleichstellungsfragen? Wie lassen sich deren Gender-Kompetenzen fördern? Mit einer ‚Gender-Analyse' für Hochschulen und mit ‚Checklisten' für Mitarbeitende werden an dieser Stelle zwei Instrumente zum Erlernen und Evaluieren dieser Kompetenzen vorgestellt.

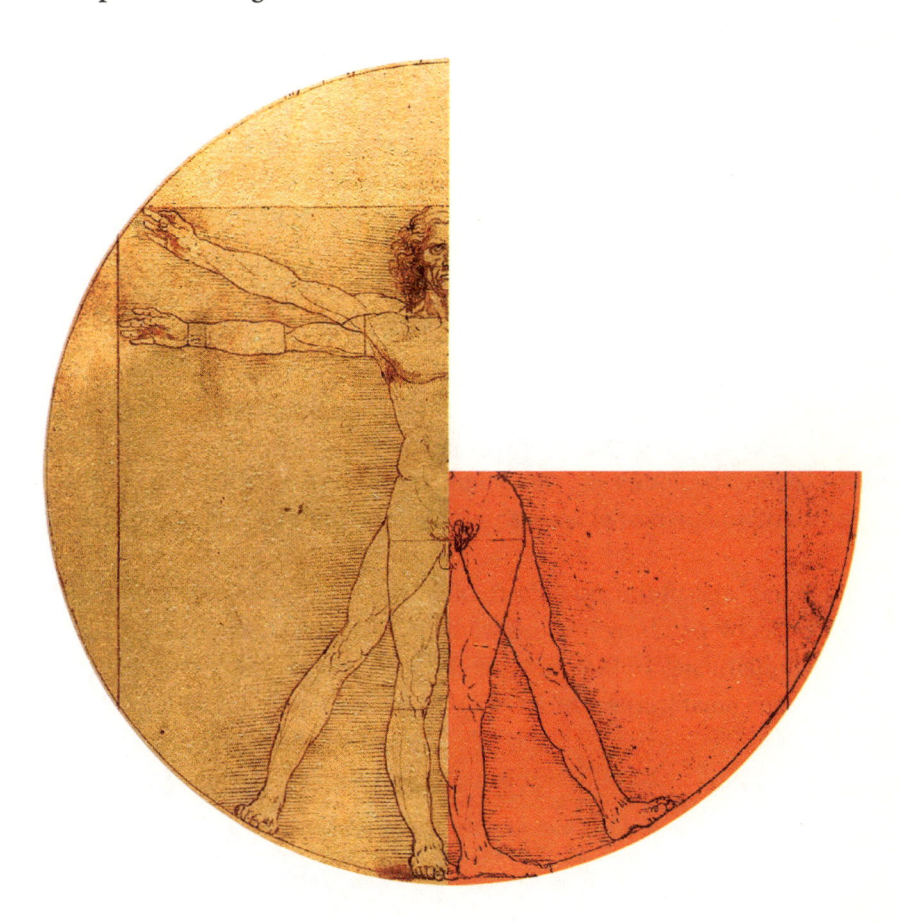

Gender-Kompetenz: Eine Anleitung zur Selbstevaluation für Hochschulen und ihre Mitarbeitenden

BRIGITTE LIEBIG UND EDITH ROSENKRANZ-FALLEGGER

Damit sich Frauen und Männer mit ihren vielfältigen individuellen Voraussetzungen am Arbeitsplatz Hochschule einbringen können, bedarf es einer kritischen Reflexion der organisationalen Bedingungen und Funktionsweisen (vgl. Doblhofer/Küng 2008). So empfiehlt sich auf dem Weg zur Gleichstellung auch im Bildungswesen zunächst ein Blick auf die Organisation selbst: Wie verhalten sich Hochschulen, Institute, Abteilungen in Geschlechter- und Gleichstellungsfragen? Wie lässt sich hier Chancengleichheit strukturell und kulturell verankern? Fragen wie diese können mit Hilfe einer ‚Gender-Analyse' aufgenommen und beantwortet werden. Systematisch lassen sich mit diesem Instrument Unterschiede und Gemeinsamkeiten von Frauen und Männern sowie Ungleichbehandlungen der Geschlechter an Hochschulen sichtbar machen und verändern.

Als Teil der Organisationen müssen Führungskräfte und Mitarbeitende Veränderungsbereitschaft und Reflexionsvermögen in das Entwicklungsgeschehen einbringen (vgl. Welpe/Welpe 2003). Auf der Ebene der Mitarbeiterinnen und Mitarbeiter gibt es heute eine Vielfalt entsprechender Instrumente. Neben Gender-Trainings, Weiterbildungsangeboten oder Fragebögen zur Selbstbeurteilung[1] sind auch Checklisten als einfach handhabbare Instrumente im Gebrauch. Als Mittel zur Überprüfung von Gender-Kompetenz stellen Checklisten eine Arbeitshilfe für die Dokumentation und Entwicklung der persönlichen Kompetenzen dar. Sie ermöglichen den Mitarbeitenden das eigene Handeln zu reflektieren und den eigenen Standort zu erkennen. Auch wird der Blick für Gender-Fragen geschärft und eine Handlungsperspektive für den beruflichen Alltag eröffnet.

Die aufgeführten Instrumente leisten einen Beitrag zur Qualitätssicherung und -entwicklung auf Hochschulebene. Abbildung 1 zeigt die Struktur, die Zielgruppen und Instrumente zur Förderung von Gender-Kompetenz an Fachhochschulen. Da Gender-Kompetenzen nicht nur für die Hochschulen selbst, sondern auch für Wirtschaft und Gesellschaft grosse Bedeutung besitzen, sind auch diese hier als Zielgruppen aufgeführt.

---

1 Vgl. ‚Gender-Kit' der FrauenBildungZug. Das Instrument zielt auf eine geschlechtergerechte Weiterbildung und beinhaltet jeweils einen Fragebogen für Schulleitungen/Führungspersonen, für Dozierende/Lehrende und für Studierende/Lernende.

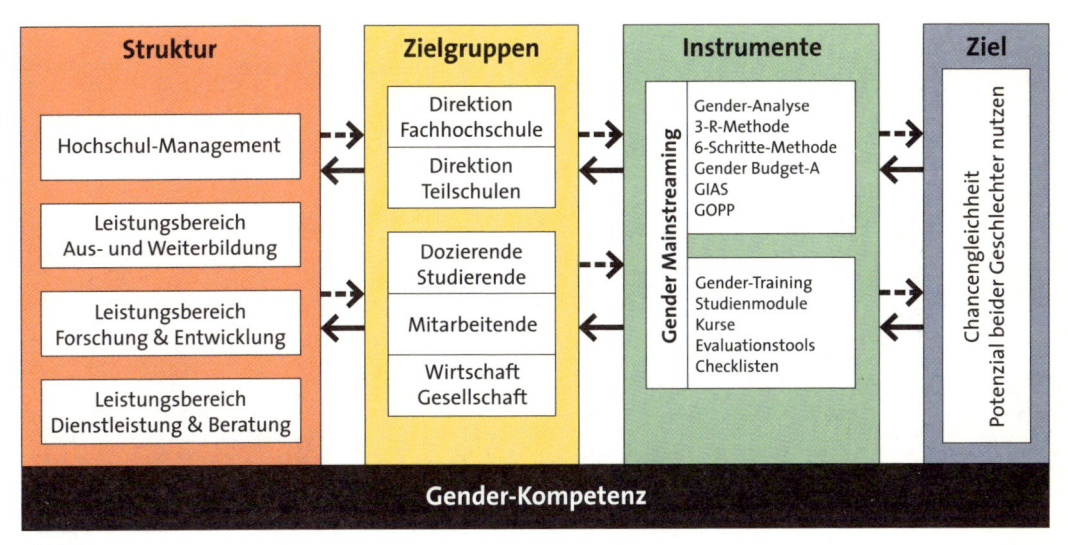

Abbildung 1:
Gender-Kompetenz an Fachhochschulen: Struktur, Zielgruppen und Instrumente

Struktur	Zielgruppen	Instrumente		Ziel
Hochschul-Management	Direktion Fachhochschule / Direktion Teilschulen	Gender-Analyse, 3-R-Methode, 6-Schritte-Methode, Gender Budget-A, GIAS, GOPP	Gender Mainstreaming	Chancengleichheit / Potenzial beider Geschlechter nutzen
Leistungsbereich Aus- und Weiterbildung	Dozierende / Studierende			
Leistungsbereich Forschung & Entwicklung	Mitarbeitende	Gender-Training, Studienmodule, Kurse, Evaluationstools, Checklisten		
Leistungsbereich Dienstleistung & Beratung	Wirtschaft Gesellschaft			

Gender-Kompetenz

Die Ebene der Organisation – Gender-Kompetenz im Hochschul-Management

Eine anerkannte und breit abgestützte Strategie für die Umsetzung von Chancengleichheit bildet das *Gender Mainstreaming*.[2] Es handelt sich dabei um eine gleichermassen auf politischer, gesetzlicher wie organisationsbezogener Ebene ansetzende Strategie, die Akteurinnen und Akteure in allen gesellschaftlichen Feldern anspricht. Der Ansatz zielt darauf, in allen Planungs- und Entscheidungsprozessen die gesellschaftlich hervorgerufenen unterschiedlichen Lebenslagen und Bedürfnisse von Frauen und Männern systematisch zu berücksichtigen. *Gender Mainstreaming* verbindet den gesetzlichen Auftrag mit gesellschaftlichen und organisationalen Handlungsmöglichkeiten. Die Effekte der Strategie werden im idealen Falle im Rahmen eines *Gleichstellungs-Controlling* geprüft.

---
2   Der Ansatz des Gender Mainstreaming wurde im Amsterdamer Vertrag 1997 als verbindliches Konzept zur Verwirklichung von Chancengleichheit und Gleichberechtigung für alle europäischen Mitgliedsstaaten verankert. Der Europarat (1998) definierte Gender Mainstreaming als „(Re-)Organisation, Verbesserung, Entwicklung und Evaluierung der Entscheidungsprozesse, mit dem Ziel, dass die an der politischen Gestaltung beteiligten Akteure und Akteurinnen den Blickwinkel der Gleichstellung zwischen Frauen und Männern in allen Bereichen und auf allen Ebenen einnehmen". Dem Bundesprogramm Chancengleichheit (Aktionsplan 2004–2007) zufolge ist das Gender Mainstreaming als Teil der Führungsaufgabe von den Schulleitungen umzusetzen und Chancengleichheit in allen Fachhochschulprojekten zu berücksichtigen.

Die Strategie des *Gender Mainstreaming* gilt heute, wie u.a. Gertraude Krell (2008) deutlich macht, gleichermassen rechtlich geboten wie ökonomisch und politisch vorteilhaft: Auch für Hochschulorganisationen stellt sie ein Qualitätsmerkmal dar, da sie Diskriminierungen in ihren strukturellen wie kulturellen Ursachen offenlegt und beide Geschlechter an der Gestaltung und Entwicklung der Hochschulen beteiligt. *Gender Mainstreaming* fördert die Selbstbeobachtung der Hochschulen, sie regt Diskussionen über Zieldefinitionen, Steuerungsmöglichkeiten und Massnahmen an. Mit ihrer Hilfe gelingt es den Hochschulen, die fachlichen und persönlichen Kompetenzen aller Mitarbeitenden besser zu integrieren und Sensibilität für die Vielfalt der Voraussetzungen und Interessen der weiblichen und männlichen Studierenden zu entwickeln. In einer zunehmend kompetitiven Bildungslandschaft können sich die Hochschulen durch die Berücksichtigung dieser Strategie als attraktive Standorte für Fachkräfte wie für Studierende qualifizieren.

Gender Mainstreaming bildet eine organisationsbezogene *Top-Down*-Strategie (vgl. dazu z.B. Müller/Sander 2005). Auch an Hochschulen kommt den Führungsverantwortlichen somit eine zentrale Rolle bei der Umsetzung von geschlechterpolitischen Massnahmen zu. Ihre Bereitschaft zur Verantwortungsübernahme, ihr organisationspolitischer Wille zur Veränderung und ihre Gender-Kompetenz bilden die Grundlage für die Vorbereitung, Durchführung und den Erfolg eines *Gender Mainstreaming*. Folgende Gender-Kompetenzen stellen für das Hochschul-Management wichtige Voraussetzungen dar (s.a. Blickhäuser/von Bargen 2006):

a) **Fachkompetenzen:** Kenntnis der Determinanten und Prozesse, die Ungleichheiten zwischen Frauen und Männern in Gesellschaft und (Hochschul-)Organisationen, in Bildung und Beruf hervorbringen.

b) **Handlungskompetenzen:** Kenntnisse über Handlungsmöglichkeiten, Instrumente und Verfahren zur systematischen Steuerung von Gleichstellungsprozessen in Hochschulorganisationen.

c) **Sozialkompetenzen:** Fähigkeiten zur Kommunikation und Vermittlung von Lern- und Veränderungsprozessen im Geschlechterverhältnis sowie zur Bewältigung von Konfliktsituationen, die im Rahmen dieser Prozesse auftreten können.

d) **Selbstkompetenzen:** Reflexivität im Umgang mit der eigenen Rolle als Mann oder Frau, mit (berufs)biografischen Prägungen und persönlichen Einstellungen, die Geschlechter- und Gleichstellungsfragen betreffen.

Das Konzept des *Gender Mainstreaming* eröffnet verschiedene Handlungsmöglichkeiten, die von den Umsetzungsverantwortlichen auf die jeweils spezifischen Voraussetzungen der Hochschulen zugeschnitten werden müssen. Zur Umsetzung der Strategie stehen heute verschiedene Instrumente bereit, die in gewissem Rahmen handlungsleitenden Charakter beanspruchen können. Im Wesentlichen gehen sie mit Massnahmen auf der Ebene der Personal- und der Organisationsentwicklung einher (z.B. Barben/Ryter 2003a). Tabelle 1 führt einige mögliche Instrumente auf:

Tabelle 1:
Instrumente des Gender Mainstreaming

Instrumente	Ziel	Fragenkatalog
Gender-Analyse	Systematisches Sichtbarmachen der geschlechtsspezifischen Lebensrealitäten als Grundlage für eine gleichberechtigte Beteiligung von Frauen und Männern an der Gestaltung und am Nutzen von Entwicklungsprozessen	– Fragen zur Offenlegung von gender-spezifischen Aspekten in der institutionellen Geschichte, hinsichtlich vorherrschender Werte und Normen sowie deren Wirkungen auf Arbeitskultur, Vereinbarkeitsfragen etc. – Hinterfragen der Führungsstrukturen, Leistungsbewertungen und fachlichen Arbeit bezüglich Geschlechterspezifizierungen, Geschlechterblindheit, Geschlechtergerechtigkeit
3-R-Methode	Feststellung der Relevanz von Gender in Projekten und Massnahmen der Institution/Organisation entlang von Repräsentation, Ressourcen und Realisierung	– *Repräsentation:* Abbildung der horizontalen (Bereiche oder Abteilungen) und vertikalen (Hierarchiestufen) Verteilung von Frauen und Männern in einer Organisation bzw. einem Projekt (Fragen zu Mitwirkung und Betroffenheit, Beteiligung insgesamt und nach Ebenen) – *Ressourcen:* Fragen nach Verteilung hinsichtlich Zeit (Sprechdauer), Aufmerksamkeit, Finanzen und Raum – *Realisierung:* Benennung der festgestellten Unausgewogenheiten und Festlegung von Veränderungsstrategien (Fragen nach sachlichem Grund der ungleichen Verteilung)
6-Schritte-Methode	Gender-bezogene Zielsetzungen aufgrund von Kosten/Nutzen-Analysen	1. Definition der gleichstellungspolitischen Ziele 2. Analyse der Probleme und der Betroffenen 3. Entwicklung von Optionen (Lösungsmöglichkeiten) 4. Analyse der Optionen (hinsichtlich der Auswirkungen) 5. Umsetzung der getroffenen Entscheide 6. Erfolgskontrolle und Evaluation: Wurden die Ziele erreicht?
Gender-Budget-Analyse	Untersuchung der Mittelverwendung hinsichtlich von Gender-Aspekten und zur Vermeidung von Gender Bias	1. Geschlechtsspezifische Nutzenanalyse 2. Geschlechtsspezifische Analyse der Ausgabenstruktur 3. Geschlechtsspezifische Analyse der Besteuerung 4. Analyse des Einflusses der Zeitbudgets von Männern und Frauen auf das Volkseinkommen
Gender Impact Assessment (GIAS)	Ex-ante-Abschätzung von (möglichen) geschlechtsspezifischen Effekten geplanter Massnahmen	1. Beschreibung der aktuellen Situation 2. Darstellung der zu erwartenden Entwicklung ohne die geplante Massnahme 3. Analyse und Beschreibung möglicher Effekte auf das Geschlechterverhältnis 4. Evaluation der positiven und negativen Effekte
Gender-orientierte Projektplanung (GOPP)	Gender-sensible Projektplanung, unterteilt nach Projektphasen	– Fragen zu spezifischen Massnahmen/Projekten, gendersensible Bestandesaufnahme, Zielformulierung, Zielgruppenanalyse, Ansatzpunkte, Indikatoren, Instrumente/Methoden, Rahmenbedingungen, Unterstützung

Quelle: Blickhäuser/von Bargen 2003

Neben dem *Gender Mainstreaming* fasst seit Ende der 1990er-Jahre das aus den USA bekannte Konzept des *Diversity Management* zunehmend Fuss in Europa. Bezeichnet wird damit eine Vielzahl an Massnahmen im Bereich der Personal- und Organisationsentwicklung sowie der Unternehmenskommunikation, die auf eine optimale Gestaltung, Planung und Steuerung eines durch personelle Vielfalt geprägten Organisationsalltags zielen (Liebig 2007, s.a. Bendl et al. 2004, Aretz/Hansen 2003).

Diversity-Massnahmen gelten der Förderung eines Organisationsklimas, das die Kommunikation und Kooperation zwischen Menschen unterschiedlicher sozialer, kultureller oder bildungs- und berufsbezogener Voraussetzungen fördert und die Diskriminierung sozialer Minderheiten verhindert. Das Konzept stellt die Unverzichtbarkeit und den ökonomischen Nutzen der Chancengleichheit für Arbeitsorganisationen in den Vordergrund, findet heute aber erst ansatzweise im Hochschulkontext Anwendung.

Gender-Analyse von Fachhochschulen – eine Anleitung zur Selbstevaluation

Ausgangspunkt aller gleichstellungsbezogenen Veränderungskonzepte stellt eine differenzierte Analyse der Geschlechterverhältnisse in Organisationen dar. Diesem Vorgehen liegt die Auffassung zugrunde, dass Organisationen nicht nur Spiegel gesellschaftlicher Ungleichheitsverhältnisse sind, sondern diese auch täglich wieder hervorbringen, reproduzieren und festschreiben. Im Rahmen einer ‚*theory of gendered organizations*' legte Joan Acker (1991) dar, dass organisationale Strukturen, Handlungsroutinen und Verfahrensregeln in ihrer engen Verschränkung Grundlagen der vergeschlechtlichten ‚Tiefenstruktur' (‚gendered substructure') von Organisationen bilden. Zu in diesem Zusammenhang massgeblichen Faktoren und Prozessen zählte sie:

- die gesellschaftlichen Rahmenbedingungen, die in Form gesetzlicher Bestimmungen, in Form von Traditionen und Konventionen Einfluss auf das Organisationshandeln ausüben;
- die strukturellen Voraussetzungen der Organisationen, d.h. die spezifischen Formen der Verteilung von Arbeit und Macht oder auch strukturelle Voraussetzungen für Karrierebedingungen;
- die Symbole und Bilder, Wahrnehmungs- und Beurteilungsschemata, welche Geschlechterverhältnisse legitimieren;
- die Interaktions- und Kommunikationsprozesse, die Über- und Unterordnung zwischen den Geschlechtern, Allianzen und Ausgrenzung im Alltag der Organisationen hervorbringen, und

- die individuellen geschlechtlichen Identitäten, d.h. das subjektive Wissen um die eigene Geschlechtlichkeit und das Bewusstsein der damit verknüpften eigenen Möglichkeiten und Beschränkungen.

Die hier aufgeführten Betrachtungsebenen sollten in eine Gender-Analyse von Fachhochschul-Organisationen Eingang finden. Wie jeder Organisationsentwicklungsprozess sind auch Gender-Analysen grundsätzlich partizipativ und längerfristig angelegt und schliessen Interventionen auf struktureller, kultureller und individueller Ebene ein.
Gender-Analysen können entweder in Begleitung externer BeraterInnen oder aber von einer für die Umsetzung von Chancengleichheit verantwortlichen internen ExpertInnengruppe (bestehend aus den Hochschulleitungen, Gleichstellungsbeauftragten, Mitarbeitenden-Kommissionen, FachexpertInnen) vorgenommen werden. Zentral erscheint, dass die verantwortlichen Personen als gender-kompetent und integer wahrgenommen werden, sodass sich Vertrauen in das Projekt entwickeln kann. Zudem ist es für den Erfolg eines auf Gender-Analysen aufbauenden Hochschulentwicklungsprozesses zentral, dass das Management sich mit den Zielen der Analyse identifiziert und diese ohne Rückhalt stützt.

1. Schritt: Bestandesaufnahme
Im Anschluss an eine klare Definition der Ziele einer Gender-Analyse erfolgt in einem *ersten Schritt* eine Bestandesaufnahme, die sich auf Teilbereiche oder auch die ganze Hochschule beziehen kann. Die Bestandesaufnahme schliesst eine systematische Erhebung und Beurteilung der Aufteilung von Arbeitsaufgaben und Verantwortungsbereichen aus Gleichstellungs-Perspektive ein. Zentrales Element einer Bestandesaufnahme bilden auf die spezifische Situation der Hochschule zugeschnittene Leitfragen. Aus der Vielfalt der Leitfragen für Gender-Analysen, wie sie in der Fachliteratur für Arbeitsorganisationen zu finden sind, soll an dieser Stelle beispielhaft eine Auswahl getroffen werden, welche die Selbstevaluation an Fachhochschulen anleiten kann:

Organisationale Aspekte	Leitfragen einer Gender-Analyse
Engagement und Politik	Ist Gleichstellungspolitik an Ihrer Hochschule verankert? Wie verläuft die Erfolgskontrolle entsprechender Massnahmen?
	Ist das Thema ‚Gender' Gegenstand des Leitbildes Ihrer Hochschule?
	Ist die Hochschulleitung explizit dem Einbezug von Geschlechteraspekten verpflichtet?
	Setzt sich die Hochschule regelmässig Ziele im Gender-Bereich, die auch überprüft werden?
	Berücksichtigen Sie auf Führungsebene die sprachliche Gleichstellung der Geschlechter?
	Welche Rolle spielen Frauen und Männer bei der Formulierung von politischen Strategien und Entscheidungsfindungen?
	Welche Politik verfolgt die Hochschule zur Förderung der Work-Life-Balance?
	Welchen Status in Sachen Entscheidungsfindung haben die für Gender-Fragen verantwortlichen Personen?
Gender-Budget	Welcher Prozentsatz der Hochschulgelder wird jährlich für die Verwirklichung der Chancengleichheit/des Gender Mainstreaming zur Verfügung gestellt?
	Wozu werden die Gender-Budgets verwendet?
	Haben Sie die Ihnen zur Verfügung stehenden Ressourcen gender-bezogen analysiert?
Organisationskultur, Fachkultur	Was sind die wichtigen gemeinsamen Werte der Hochschule? In welcher Beziehung stehen diese Werte zur Gleichstellung?
	Welches ist die Haltung an der Hochschule gegenüber weiblichem/männlichem Personal?
	Gibt es Symbole und Bilder in der Hochschule, die traditionelle Bilder von Frauen und Männern legitimieren?
	Kommen sexistische Bemerkungen oder sexuelle Belästigung in der Hochschule vor und wird dies thematisiert?
	Wie drücken sich Normen, Werte, geschlechtliche Arbeitsteilung, Einstellungen und Verhalten, Wertschätzung in dem an der Hochschule zentralen Fachgebiet aus?
	Werden Geschlechterfragen bei der Planung inhaltlicher Schwerpunkte berücksichtigt?
	Welche fachlich-inhaltlichen Schwerpunkte gibt es in der Hochschule? Welche fehlen?
	Werden Frauen und Männer in die Planung inhaltlicher Schwerpunkte einbezogen?
Arbeitskultur, Zeitkultur	Welche Arbeitsbedingungen/Anforderungsprofile können sich in gewissen Bereichen diskriminierend auswirken auf Frauen/Männer?
	Ist es für gewisse Stellen/Aufgaben von Vorteil oder von Nachteil, eine Frau/ein Mann zu sein?
	Welche Leistungen werden besonders belohnt? Welche erhalten wenig Anerkennung?
	Gibt es unterschiedliche Arbeitszeiten und auf wen wirken sie sich besonders aus?
	Werden Überstunden oder Arbeit am Wochenende erwartet?
	Sind Architektur, Ergonomie der Arbeitsplätze und Infrastrukturen der Hochschulgebäude auf die Bedürfnisse beider Geschlechter abgestimmt?
Führungsstrukturen	Zu welchen Teilen sind an der Hochschule Leitungspositionen mit Männern und Frauen besetzt (Hochschulleitung, Institutsleitung, Studiengangsleitung etc.)?
	In welchem Masse haben Frauen und Männer ganz allgemein Zugang zur Entscheidungsfindung?
	Gibt es informelle Netzwerke? Wie sind Frauen und Männer in solche Netzwerke integriert?
	Werden ‚männliche' Eigenschaften und Verhaltensstile bei der Definition von Erfolg, Führung, Management betont? Werden ‚weibliche' Eigenschaften und Verhaltensstile bei der Berücksichtigung von Team-, Kooperations-, Integrations- und Konfliktfähigkeit betont?

	Achten Sie auf Leitungsebene darauf, dass Sitzungen, Meetings, Anlässe so gelegt werden, dass sie familiäre Verpflichtungen zulassen? Gibt es Teilzeitstellen in Führungspositionen? Bestehen auf Führungsebene Weiterbildungsangebote zur Förderung von Gender-Kompetenz? Welche Mechanismen sichern die Leistung der für Gender-Aspekte verantwortlichen Angestellten und deren Kompetenz, für Gender-Anliegen einzutreten?
Personal-Management, Leistungsbewertung	Ist Gender bei der Personalrekrutierung ein Thema (z.B. in Inseraten, Bewerbungsgesprächen, Assessments)? Werden bei der Personalrekrutierung unterschiedliche Karriereverläufe von Frauen und Männern berücksichtigt (z.B. indem Familienarbeit als Qualifikation gewichtet wird)? Wird bei Vergaben von Kaderstellen (Direktion, Professuren, Institutsleitung) auf eine geschlechtergerechte Verteilung geachtet? Erhalten Frauen und Männer an Ihrer Hochschule bei gleichwertiger Arbeit denselben Lohn? Wird im Besoldungssystem Ihrer Hochschule Familienarbeit für die Lohneinstufung eingerechnet? Ist Gender-Kompetenz an der Hochschule ein festes Thema im MitarbeiterInnengespräch (MAG)? Gibt es an der Hochschule Kinderbetreuung während der Arbeitszeit (Unterricht, Bürozeiten) oder bei öffentlichen Anlässen? Besteht für die Mitarbeitenden ein Weiterbildungsangebot hinsichtlich der Förderung von Gender-Kompetenz?

Quellen: Blickhäuser 2002: 10 ff.; s.a. Goetz 1997, Lange 2006[3]

Tabelle 2:
Leitfragen zur Gender-Analyse an Fachhochschulen

Wie hier angedeutet, können sich die für eine Bestandesaufnahme zentralen Leitfragen auf verschiedene Aspekte der Organisation beziehen. Dazu zählen Fragen zu Führungsstrukturen, Leistungsbewertungen und Rekrutierungsstrategien ebenso wie Fragen zur Aufgabenteilung und zu den Beziehungen zwischen den Geschlechtern am Arbeitsplatz. Wichtiges Element von Gender-Analysen stellen zudem Fragen zur Geschlechtergeschichte der Hochschule und den damit verknüpften organisationskulturellen Aspekten dar, die sich in verschiedener Weise äussern können; beispielsweise im Umgang mit Fragen der ‚Work-Life-Balance' in der Organisation. Gender-Analysen auf der Ebene der fachlich-inhaltlichen Ausrichtung der Hochschulen ermöglichen es, die fachkulturelle ‚Vergeschlechtlichung' und bis anhin ‚geschlechtsblinde' Aspekte der Hochschulen zu durchleuchten.

Werkstattgespräche zur Selbstevaluation
Dem partizipativen Charakter der Gender-Analysen entsprechen spezifische Methoden, zu denen etwa das ‚Werkstattgespräch' zählt (vgl. Blickhäuser/von Bargen 2006). Im Gespräch unter Führungskräften und/oder

---

3 Folgende Quellen wurden ebenfalls beigezogen: http://www.gendertraining.de/de/web/182.htm sowie http://www.deza.admin.ch/.

Mitarbeitenden bieten sie den Rahmen, um vergeschlechtlichte Aspekte der Aufbau- und Ablauforganisation oder der spezifischen Handlungs- und Planungsfelder der Hochschulen zu identifizieren. Möglichkeiten und Grenzen bisheriger Massnahmen können aufgezeigt und die Strategien der Hochschulen angepasst und optimiert werden.

Immer sollten Frauen und Männer an Prozessen der Evaluation beteiligt sein. Erst auf diese Weise wird es möglich, die Voraussetzungen und Subjektivitäten beider Geschlechter an den Hochschulen zu erkennen. Oft wird dadurch besonders deutlich, wie unterschiedlich Frauen und Männer die Situation in ihrer Organisation wahrnehmen und bewerten. Mit Blick auf Qualitätssicherung und -entwicklung an Fachhochschulen erweisen sich geschlechterheterogene Arbeitsgruppen als wichtiger Schritt in Richtung eines Dialogs zwischen den Geschlechtern und einer Veränderung der Organisationskultur.

Schliesslich wird auch eine Integration von Führungskräften und/oder Mitarbeitenden aus unterschiedlichen Hochschulen den Selbstevaluationsprozess befördern. Die vergleichende Perspektive erlaubt es in besonderer Weise, die Einflussfaktoren für spezifische Geschlechter- und Gleichstellungssituationen an den Hochschulen sowie *Best Practices* zu erkennen und daraus Massnahmen abzuleiten.

Neben Werkstattgesprächen kann im Rahmen von Gender-Analysen auf zusätzliche Instrumente der Organisationsdiagnostik zurückgegriffen werden (vgl. z.B. Büssing 2007): Dokumentenanalysen sowie Personal- und Lohnstatistiken, Beobachtungen von Arbeitsplätzen und Interaktionsprozessen können weiterführende Informationen über Geschlechterverhältnisse in den Hochschulen zutage fördern.

2. Schritt: Problembewertung und Rückkoppelung der Ergebnisse
Eine differenzierte Bewertung der Daten und Materialien erlaubt das Erkennen von Problempunkten und Schwachstellen, aber auch von Stärken der Hochschulen in Bereich der Geschlechtergleichstellung. Gestützt auf die Leitfragen resultiert die Bestandesaufnahme in umfangreichem Material zur Hochschule, zu ihren Strukturen, Prozessen sowie offiziellen wie unausgesprochenen Verfahrens- und Verhaltensregeln. Sie macht die Faktoren und Prozesse deutlich, die Ungleichheiten hervorbringen, und verweist auf das Diskriminierungs- und Gleichstellungspotenzial der Organisation (Krell 2008). Die Resultate von Gender-Analysen richten sich an das Management der Hochschulen, aber auch an die Beschäftigten. Nur wenn auch die Mitarbeitenden der Hochschulen umfassend über die Ziele, das Vorgehen und die Resultate der Gender-Analysen in Kenntnis

gesetzt werden, können daran anschliessende Massnahmen Wirkung entwickeln.

3. Schritt: Massnahmenentwicklung und Prüfung des Massnahmenerfolgs

Der sich an die Problemdefinition anschliessende dritte Schritt besteht in der Konzeption und Durchführung von Massnahmen der Organisationsgestaltung bzw. -entwicklung, welche die Hochschulen in ihrer Gender-Kompetenz stärken und Chancengleichheit fördern sollen. Dazu müssen Zuständigkeiten und Verantwortlichkeiten bestimmt und konkrete Massnahmen festgelegt werden. Die Gender-Analyse bildet die Grundlage einer zielgruppenspezifischen Einflussnahme und ermöglicht gezielte Verbesserungen in der Gestaltung der Hochschulen (dazu Blickhäuser 2002, s.a. Goetz 1997). Absicht der Gender-Analyse ist eine Optimierung der Organisationen mit Blick auf deren spezifische Ziele und Strategien. Das heisst: Massnahmen zur Verwirklichung von Chancengleichheit zielen – in Orientierung am Konzept der Organisationsentwicklung – nicht nur auf die Förderung der Lern- und Problemlösefähigkeit der Organisation, sondern immer auch auf eine Verbesserung ihrer Qualität und Leistungsfähigkeit.

Die Ebene der Mitarbeitenden – Gender-Kompetenz in den Leistungsbereichen

Für die Schweizer Fachhochschulen ist es von zentraler Bedeutung, dass Gender-Kompetenz – neben dem Hochschul-Management – in allen vom Bund geforderten Leistungsbereichen, d.h. in Aus- und Weiterbildung, Forschung & Entwicklung sowie Dienstleistung & Beratung zum Tragen kommt. Eine gender-kompetent geführte Fachhochschule bietet Studierenden wie auch Mitarbeitenden ein organisationales Umfeld, in welchem sie sich fachlich und persönlich entfalten können. So wird beispielsweise die Vereinbarkeit von Studium bzw. Beruf und Familie gefördert oder es wird nach Strategien gesucht, um die Vertretung des in den spezifischen Fachbereichen untervertretenen Geschlechts unter Studierenden und Dozierenden zu erhöhen. Gender-Kompetenz verbessert somit die Chancengleichheit. Zudem wird, wie Metz-Göckel/Roloff betonen, Chancengleichheit „zum gesellschaftlich wünschenswerten Tatbestand, damit Potenziale, die in Wissenschaft, Wirtschaft, Technik und Gesellschaft eingebracht werden können, nicht aufgrund traditionellstereotypischer geschlechtsbezogener Beschränkungen verloren gehen" (Metz-Göckel/Roloff 2002: 2).

Der Leistungsauftrag der Fachhochschulen ergibt sich aus dem geltenden Fachhochschulgesetz.[4] Im Vordergrund stehen dabei folgende Aufgaben:
- Sie bereiten auf berufliche Tätigkeiten vor, welche die Anwendung wissenschaftlicher Erkenntnisse und Methoden sowie fachbereichsspezifisch gestalterische und künstlerische Fähigkeiten erfordern;
- sie ergänzen das Studienangebot durch ein Angebot an Weiterbildungsveranstaltungen;
- sie betreiben anwendungsorientierte Forschung & Entwicklung und erbringen Dienstleistungen für Dritte.

Im Sinne einer Querschnittsaufgabe sorgen die Fachhochschulen für die tatsächliche Gleichstellung von Frauen und Männern.[5] Zielführende Massnahmen werden durch Betriebsbeiträge unterstützt. Dazu zählen:
a) Massnahmen zur Erhöhung des Anteils des jeweils untervertretenen Geschlechts auf Ebene der Studierenden, des wissenschaftlichen Nachwuchses, der Dozentinnen und Dozenten sowie des Personals insbesondere durch die Errichtung von Krippenplätzen, die Schaffung von Teilzeitstellen sowie das Angebot von Teilzeitstudien;
b) Massnahmen zur Förderung der Entwicklung von Gender-Kompetenz;
c) Massnahmen zur Förderung der Geschlechterforschung.[6]

Wie kann die Gender-Kompetenz der Mitarbeitenden in den Leistungsbereichen der Fachhochschulen entwickelt und gefördert werden? Auf der Grundlage der theoretischen Überlegungen zum Begriff der Gender-Kompetenz (vgl. Kap. 2) gehen wir diesen Fragen im Folgenden mit Blick auf Aus- und Weiterbildung, Forschung & Entwicklung sowie Dienstleistung & Beratung nach. In Form einer Checkliste findet sich dabei jeweils auch eine Auflistung von Fragen, mittels derer sich die individuelle Gender-Kompetenz in einem Selbstevaluationsverfahren prüfen lässt.

---

4 Die seit 2003 von einer Projektgruppe in einem Bericht zur Reform der schweizerischen Hochschullandschaft erarbeiteten Schlussfolgerungen bilden eine Grundlage für den Hochschulartikel der 2006 von Volk und Ständen gutgeheissenen Bildungsverfassung (BV, Art. 63a). Dementsprechend wird aktuell die Gesetzgebung angepasst.
5 Art. 3 Abs. 5 Bundesgesetz über die Fachhochschulen (Fachhochschulgesetz, FHSG; SR 414.71).
6 Art. 16c^{bis} Verordnung über Aufbau und Führung von Fachhochschulen (Fachhochschulverordnung, FHSV; SR 414.711).

Leistungsbereich Aus- und Weiterbildung

Dem Fachhochschulgesetz zufolge umfasst der Leistungsbereich Aus- und Weiterbildung die Bachelor- und Masterstudiengänge (vormals Diplomstudiengänge) sowie Weiterbildungsveranstaltungen (MAS, CAS und DAS, vormals Nachdiplomkurse und Nachdiplomstudien). Angesichts eines raschen technologischen, wirtschaftlichen und gesellschaftlichen Wandels erscheint es von entscheidender Bedeutung, dass die Studierenden zu Generalisten mit soliden Grundkenntnissen und einem Auge für Zusammenhänge ausgebildet werden (vgl. Botschaft zum Fachhochschulgesetz 1994). Das Studium an einer Fachhochschule beinhaltet dementsprechend insbesondere zwei Elemente: a) eine solide Allgemeinbildung und b) die praxisbezogene Anwendung wissenschaftlicher Erkenntnisse. Der Vermittlung von Fähigkeiten und Fertigkeiten im Bereich der Problemerkennung, Problemanalyse und Problemlösung kommt an dieser Stelle besondere Bedeutung zu. Es geht, so die Botschaft, in Zukunft bei jeder Form der Ausbildung darum, die Fähigkeit heranzubilden, sich neue Erkenntnisse und Fertigkeiten selbstständig anzueignen, eigene Erkenntnisse und Fertigkeiten weiterzuvermitteln, partnerschaftlich zusammenzuarbeiten sowie kreativ und selbstkritisch zu sein. Wissen und Kompetenzen zur Analyse und Gestaltung von Geschlechterverhältnissen sind im Rahmen der Ausbildung zentral und bedürfen der Gender-Kompetenz der Dozierenden.

Abbildung 2 nimmt diese Überlegungen auf. Sie lehnt sich an die Systematik der KFH (vgl. Kap. 2, Abb. 5) an und skizziert Gender-Kompetenz auf der Basis fachlicher, methodischer, sozialer und selbstreflexiver Dimensionen. Die vier Kompetenzdimensionen bilden zugleich Grundlage der im Anschluss vorgestellten Checklisten.

Abbildung 2: Dimensionen von Gender-Kompetenz

Leistungsbereich Aus- und Weiterbildung

Fachkompetenz	Methodenkompetenz	Sozialkompetenz	Selbstkompetenz
• Wissen über historische, politische, kulturelle, rechtliche und soziale Dimensionen von Geschlechterverhältnissen • Wissen zur Gestaltung von Veränderungsprozessen	• Übersetzen von Gender-Wissen in Lehrauftrag und Lerninhalte • Berücksichtigung von gender-sensiblem Daten- und Faktenwissen	• Fähigkeit zum Umgang mit sozialen Rollen in heterogenen Gruppen • Fähigkeit, Diskriminierungen anzusprechen und zu transformieren	• Fähigkeit zur Überprüfung eigener Identitätskonzepte, Denkstrukturen und Handlungsmuster • Offenheit und Distanz zur eigenen Lebensgeschichte

Gender-Kompetenz

Dozierende stehen als Lehrende vor der Herausforderung, Fähigkeiten und Fertigkeiten der Problemerkennung und -lösung im Bereich von Geschlecht und Geschlechterverhältnissen zu vermitteln. Sie können dies nur leisten, wenn sie selbst über Gender-Kompetenz verfügen. Dazu zählen zum einen Kenntnisse der historischen, politischen, kulturellen, rechtlichen und sozialen Dimensionen von Geschlechterverhältnissen; zum anderen Wissen über die Prozesse und Mechanismen, welche Macht- und Herrschaftsverhältnisse, Ausschluss und soziale Differenz hervorbringen sowie Subjektivitäten und Identitätsbildungen als Mann oder Frau verfestigen. Methodenkompetenz bedeutet in diesem Zusammenhang, dass Lehrpläne, Lehrmittel und Lerninhalte sich an den Interessen beider Geschlechter orientieren und Frauen und Männer in zeitgemässen, vielfältigen Rollen zu zeigen vermögen. Gender-kompetent sind Unterricht und Lehrunterlagen dann konzipiert, wenn sie stereotype Zuschreibungen von Eigenschaften oder Verhaltensweisen vermeiden und reflektieren. Auch können Dozentinnen und Dozenten Veränderungsprozesse gestalten, indem sie auf eine gleichwertige Behandlung der Studierenden auf der Ebene von Sprache, Texten und Bildern achten. In ihrem Unterricht fördern sie einen geschlechtersensiblen Umgang zwischen den Studierenden und geschlechtergerechtes Handeln in Gruppen, sodass Differenzkonstruktionen in sozialen Situationen erkannt, angesprochen und transformiert werden können.

Auf Gender-Aspekte in Gruppenarbeiten hinzuweisen und diese auch einzufordern, setzt bei Dozierenden eine hohe Bereitschaft voraus, die eigene Geschlechtlichkeit und deren gesellschaftsbiografische Prägung zu reflektieren. Eine gender-bezogene Selbstkompetenz der Dozierenden führt zu erheblichen Effekten bei den Studierenden: Frauen und Männer werden im Unterricht gleich behandelt und geschlechterbewusst wie auch methodisch gezielt gefördert. Die Studierenden lernen, sich mit der eigenen Geschlechtlichkeit auseinanderzusetzen, und erkennen die negativen Effekte stereotyper Zuschreibungen und Annahmen. Mit diesem Wissen ausgestattet sind sie in der Lage, eigene Identitätskonzepte und Denkstrukturen zu hinterfragen und die individuelle Handlungspraxis gender-sensibel zu reflektieren. Beispielsweise wird einer Studentin der Disziplin Maschinenbau durch ein gender-kompetent gestaltetes Studium ermöglicht, ihr Lebenskonzept, ihre Betrachtungs- und Handlungsweise gewinnbringend einzubringen. Bei einem Studenten der Elektrotechnik kann durch Gender-Kompetenz die Sensibilität für Gleichstellungsfragen ebenso wie für Fragen zu Männern und ‚Männlichkeit' geschärft werden. Männer wie Frauen tragen die im Unterricht erworbene Gender-Kompe-

Checkliste Aus- und Weiterbildung

Die folgenden Aussagen unterstützen Sie darin, Ihre ganz persönliche Gender-Kompetenz einzuschätzen. Die Anregungen erlauben es Ihnen, mit wenig Aufwand in Ihrer Lehrtätigkeit geschlechtersensibler vorzugehen. Manchmal sind es die kleinen Dinge, die viel verändern.

	→ Bitte schätzen Sie ein, inwiefern die Aussagen auf Sie zutreffen!	nie	selten	oft	immer
	Vorbereitung des Unterrichts				
1	Ich ergänze meinen Unterricht durch Fragestellungen, welche die Geschlechter thematisieren.	☐	☐	☐	☐
2	Ich weiss, wo ich in meinem Arbeitsumfeld Beratung und Expertise in Geschlechter- und Gleichstellungsfragen einholen kann.	☐	☐	☐	☐
3	Ich prüfe meine Lehrmaterialien auf geschlechterstereotype oder geschlechterblinde Denkweisen und Darstellungsformen (z.B. in Sprache, Bildern, Redewendungen).	☐	☐	☐	☐
4	Meine Lehrunterlagen sind so aufgebaut, dass darin Frauen und Männer in unterschiedlichen Rollen vorkommen (z.B. als Autorinnen/Autoren, Fachpersonen, Betroffene etc.).	☐	☐	☐	☐
5	Eine geschlechtergerechte mündliche und schriftliche Sprache ist in meinem Unterricht notenrelevant.	☐	☐	☐	☐
6	Ich gestalte meinen Unterricht zeitlich und örtlich so, dass daraus möglichst keine Nachteile für Studierende entstehen, die neben dem Studium familiäre oder öffentliche Aufgaben erfüllen.	☐	☐	☐	☐
	Durchführung des Unterrichts				
7	In meiner Lehre achte ich auf eine diskriminierungsfreie Kultur und Arbeitsplatzgestaltung (z.B. keine sexistischen Bilder und Sprüche, bewusster Umgang mit Nähe und Distanz, gegenseitiger Respekt).	☐	☐	☐	☐
8	Ich sorge dafür, dass sich Studentinnen und Studenten in gleichem Masse am Unterricht beteiligen (z.B. in Diskussionen, bei der Hintergrundarbeit, bei Präsentationen von Gruppenarbeiten etc.).	☐	☐	☐	☐
9	Ich fördere die Sensibilität der Studierenden für die Wahrnehmung von sozialer und kultureller Vielfalt (z.B. von Lebenssituationen, Werthaltungen, persönlichen Voraussetzungen).	☐	☐	☐	☐
10	Ich vermeide in meinem Unterricht stereotype Darstellungsweisen, Beispiele und Personalisierungen (z.B. der Manager/die Altenpflegerin, der Chef/die Sekretärin).	☐	☐	☐	☐
11	Ich unterstütze die Studierenden darin, ihre Haltungen zu Weiblichkeit/Männlichkeit sowie hinsichtlich der Gleichstellungsthematik zu reflektieren.	☐	☐	☐	☐
	Evaluation des Unterrichts				
12	Mein Unterricht wird von den Studierenden auch mit Blick auf die Vermittlung und den Erwerb von Gender-Kompetenz evaluiert.	☐	☐	☐	☐
13	Ich thematisiere Geschlechter- und Chancengleichheitsfragen auch im Team der Dozierenden sowie mit vorgesetzten und unterstellten Kolleginnen und Kollegen.	☐	☐	☐	☐
14	Ich reflektiere meine eigenen Verhaltensweisen, Kommunikationsformen und Einstellungen als männliche/weibliche Lehrperson.	☐	☐	☐	☐
15	Ich achte darauf, dass meine Verhaltenseinschätzungen, Leistungsbeurteilungen und Förderangebote vorurteilsfrei erfolgen, d.h. ohne Rückgriff auf geschlechterstereotype Annahmen.	☐	☐	☐	☐

tenz in ihre berufliche Tätigkeit und bewirken dort in vielfältiger Weise Innovationen und Veränderungen (vgl. dazu Liebig et al. 2008). Gerade in der Aus- und Weiterbildung künftiger Arbeitskräfte und Kaderleute muss Gender-Kompetenz – als erlernter Umgang mit Heterogenität und Geschlechterdifferenz – einen festen Bestandteil bilden.

Die Checkliste übernimmt diese Überlegungen und ermöglicht Dozierenden, im Sinne eines selbst organisierten Lernens das eigene Handeln zu reflektieren. Sie steigert die Sensibilität für Geschlechterfragen und eröffnet eine Handlungsperspektive für den beruflichen Alltag.

Leistungsbereich Forschung & Entwicklung

Forschung & Entwicklung (F&E) besitzen, so das Grundsatzpapier der KFH (2005), zentrale volkswirtschaftliche, kultur- und gesellschaftspolitische Bedeutung, da sie die Innovationsfähigkeit der Schweiz stärken.[7] An Fachhochschulen schliesst dieser Bereich alle Tätigkeiten ein, die unter besonderer Berücksichtigung anwendungs- bzw. praxisorientierter Perspektiven vorhandenes Wissen kombinieren oder weiterführendes Wissen generieren.

Die Fachhochschulen zeichnen sich durch enge Kontakte zur Wirtschaft vor Ort sowie zur öffentlichen Verwaltung aus. In diesem Zusammenhang stellt die Integration von Geschlechteraspekten einen besonderen Wert dar, indem gender-kompetente Forscherinnen und Forscher innovative Fragestellungen und zentrale Erkenntnisse zur volkswirtschaftlichen und gesellschaftlichen Weiterentwicklung der Regionen im Wettbewerb einbringen. Die frühzeitige Einbindung von Nutzerinnen und Nutzern unter Beachtung von Gender-Fragen erlaubt, dass auch bei der Technologieentwicklung Bedarfslagen differenziert erkannt und Marktpotenziale besser ausgeschöpft werden können (vgl. Bührer/Schraudner 2006). Werden Geschlechteraspekte bei allen Forschungsvorhaben vorgängig geklärt, kann erkannt werden, ob und in welcher Weise das Geschlecht als Analysekategorie im Projekt Relevanz besitzt.

Gender-kompetente Forscherinnen und Forscher sind aufgrund ihrer Gender-Kompetenz, d.h. ihres Wissens über die historische, politische, kulturelle, rechtliche und soziale Dimension von Geschlechterverhältnissen, in der Lage, Forschungsprojekte an gesellschaftlich zentralen Problemstellungen auszurichten. Indem geschlechterbezogene Fragen in die

---

[7] Das Grundsatzpapier der KFH wurde 2008 revidiert und gilt als Anhang zur Version von 2005.

Leistungsbereich Forschung & Entwicklung

Fachkompetenz
- Prüfung der Forschungsprojekte auf Gender-Aspekte
- Einbindung von Gender-Wissen in Forschung & Entwicklung

Methodenkompetenz
- Übersetzen von Gender-Wissen in F&E-Projekten
- Beherrschen von geschlechtersensiblen Problemlösungsmöglichkeiten

Sozialkompetenz
- Fähigkeit der Forschenden zur geschlechtersensiblen Interaktion in heterogenen Gruppen
- Beziehungsfähigkeit im F&E-Team

Selbstkompetenz
- Prüfen eigener Identitätskonzepte
- Reflexion von Geschlechterrollen und Einbezug der Erkenntnisse in Forschungsprojekte

Gender-Kompetenz

Abbildung 3: Dimensionen von Gender-Kompetenz

Planung, Ausführung und Evaluation von Projekten einbezogen werden, können auch potenziell geschlechterspezifische Fragestellungen und Nutzungszusammenhänge von Resultaten und Entwicklungen berücksichtigt werden. Wird beispielsweise ein Forschungsprojekt zum Thema Verkehr und Mobilität durchgeführt, ist es von Bedeutung, Fragen zum Mobilitätsverhalten von Frauen und Männern einzubeziehen. So ist etwa die Frage relevant, ob bezüglich der gefahrenen Distanz oder der Wahl des Verkehrsmittels Geschlechterunterschiede bestehen oder welche Bedeutung in diesem Zusammenhang Erwerbstätigkeit, Familienbetreuungsarbeit, Freizeitangebote oder Einstellungen zum Klimaschutz gewinnen. Durch eine Ausrichtung an den unterschiedlichen Lebenszusammenhängen beider Geschlechter wird die Wirksamkeit von Forschungsvorhaben erhöht, da sie pass- und zielgenauer werden.

Gender-kompetente Forscherinnen und Forscher wissen um geschlechtersensible Problemlösungsansätze und sind in der Lage, Daten- und Faktenwissen so zu interpretieren, dass die Mobilitätschancen beider Geschlechter erhöht werden. Dies wiederum steigert das Marktpotenzial der Auftraggebenden (hier z.B. dasjenige eines Transportunternehmens) und wirkt sich günstig auf die Kosten der Anbieter als Leistungserbringer sowie die Transferzahlungen (Subventionen) der öffentlichen Hand als Leistungsbestellerin aus. Werden Gender-Aspekte inhaltlich und methodisch in die Forschung integriert, lassen sich durch sie ein Zusatznutzen und Innovationen hervorbringen. Gender-kompetent konzipierte Vorhaben im Bereich F&E bergen somit einen Gewinn für alle Beteiligten: für Hochschulen, Forschende, Auftraggebende und NutzniesserInnen. Globalisierungs- und Innovationsprozesse verändern heute die Märkte sehr schnell. Daran geknüpft ist ein gesellschaftlicher Wandel, der sich vor allem in den Industrienationen auch in einem Wandel der Geschlechterverhältnisse widerspiegelt: Frauen werden in Zukunft in zunehmendem Masse als selbstbewusste Konsumentinnen, aber auch als qualifizierte Fachkräfte, als Managerinnen, Unternehmerinnen und als Wissenschaftlerinnen die gesellschaftlichen Entwicklungen prägen (vgl. Bührer/Lukoschat 2006). Auch unter Einbezug dieser Entwicklungen können die Fachhochschulen durch einen gender-kompetent ausgerichteten Leistungsbereich Forschung & Entwicklung nur gewinnen.

Nicht zuletzt zielt der Abbau von Benachteiligungen und die Beachtung der Partizipation von Frauen in Bildung und Forschung auf eine von tradierten Rollenmustern freie, selbstbestimmte Lebensgestaltung beider Geschlechter. Ein gender-sensibles Vorgehen im Rahmen von Forschungsprojekten ermöglicht es, die bestehende Geschlechterordnung zu hinterfragen und zentralen geschlechtsspezifischen Stereotypen, wie etwa der gesellschaftlichen Verknüpfung von Technik und Technikkompetenz mit Männlichkeit, zu begegnen (vgl. Döge 2006).

Die folgende Checkliste lehnt sich an diese Überlegungen an und ermöglicht es, im Sinne eines selbst organisierten Lernens das eigene Handeln zu reflektieren. Der Blick für Gender-Aspekte wird geschärft und eine Handlungsperspektive für den beruflichen Alltag bereitgestellt.

Checkliste Forschung & Entwicklung

Die Integration von Geschlechterfragen kann Projekte im Bereich Forschung & Entwicklung bereichern und neue Erkenntnisse zutage fördern. Mit Blick auf die Kriterien der Forschungsförderung und die Güte von Resultaten aus Forschung & Entwicklung zahlt sich heute eine geschlechtersensible Herangehensweise aus.

	→ Bitte schätzen Sie ein, inwiefern die Aussagen auf Sie zutreffen!	nie	selten	oft	immer
	Vorbereitung von F&E-Projekten				
1	Bei der Planung von F&E-Projekten prüfe ich, inwiefern darin auch Geschlechterfragen von Bedeutung sind.	☐	☐	☐	☐
2	Ich weiss, wo ich in meinem Arbeitsumfeld Beratung und Expertise in Geschlechter- und Gleichstellungsfragen einholen kann.	☐	☐	☐	☐
3	Neben Unterschieden zwischen den Geschlechtern (z.B. Körperbau, Grösse, Kraft) beachte ich, dass das Spektrum der Merkmale innerhalb einer Geschlechterkategorie sehr breit sein kann (z.B. Alter, Beruf, ethnische Zugehörigkeit).	☐	☐	☐	☐
4	Bei der Planung von F&E-Projekten berücksichtige ich die Erkenntnis- und Verwertungsinteressen beider Geschlechter (z.B. beim Forschungsdesign, in der Produktentwicklung).	☐	☐	☐	☐
5	Zur Qualitätssteigerung meiner Forschungsanträge und Projekte nutze ich gezielt Wissen und Information aus der Geschlechterforschung.	☐	☐	☐	☐
6	Ich hinterfrage Denktraditionen, Fragestellungen und Darstellungsformen meines Fachgebietes auf eventuell darin vorhandene geschlechterstereotype und geschlechterblinde Aspekte.	☐	☐	☐	☐
7	Ich sensibilisiere auch meine Auftraggebenden/Praxispartnerinnen und -partner in Wirtschaft und Gesellschaft sowie meine Kolleginnen und Kollegen für Geschlechterfragen und Chancengleichheit.	☐	☐	☐	☐
8	Ich achte in meinen Projektteams und bei Präsentationen auf eine möglichst ausgewogene Vertretung von Frauen und Männern	☐	☐	☐	☐
	Durchführung/Evaluation von F&E Projekten				
9	Ich sorge dafür, dass weibliche und männliche Mitglieder meiner Projektteams bei Besprechungen und beim Wissenstransfer in gleichem Masse zum Zuge kommen.	☐	☐	☐	☐
10	Ich unterstütze die Mitglieder meiner Projektteams darin, ihre eigenen Haltungen zu Männlichkeit/Weiblichkeit wie auch gegenüber Gleichstellungsfragen zu reflektieren.	☐	☐	☐	☐
11	Meine Projekte schliessen nach Möglichkeit auch Empfehlungen zur Vermeidung von Geschlechterungleichheiten ein.	☐	☐	☐	☐
12	Meine Empfehlungen zur Nutzung der Resultate aus Forschung & Entwicklung (z.B. für Produktentwicklungen, zu gestaltende Prozesse und Strategien, konkrete Massnahmen) schliessen die Anwendung durch Frauen und Männer ein.	☐	☐	☐	☐
13	Beim Wissenstransfer (Vorträge/Publikationen) achte ich auf eine geschlechtergerechte Sprache, z.B. indem ich Einseitigkeiten bei der Anrede vermeide sowie Frauen und Männer zitiere.	☐	☐	☐	☐
14	Ich reflektiere meine eigenen Verhaltensweisen, Kommunikationsformen und Einstellungen als männliche/weibliche Fachperson in Forschung & Entwicklung.	☐	☐	☐	☐
15	Ich evaluiere meine Projekte in Forschung & Entwicklung auch daraufhin, inwiefern es gelang, Geschlechterfragen einzubeziehen.	☐	☐	☐	☐

Leistungsbereich Dienstleistung & Beratung

Im Gegensatz zu den anderen Leistungsbereichen gibt das Fachhochschulgesetz wenig Auskunft über die in Dienstleistung & Beratung anzustrebenden Ziele. Dies ist u.a. darauf zurückzuführen, dass ‚Dienstleistungen' ein erst junges Aufgabenfeld der Fachhochschulen bilden. Ein Blick in die Botschaft zum Fachhochschulgesetz (1994) vermittelt hier weitere Informationen: Um die Innovationskraft der Wirtschaft zu steigern, soll der Wissens- und Erfahrungsaustausch zwischen Industrie und Gesellschaft, Universitäten, Forschungsinstitutionen und Fachhochschulen auf nationaler und internationaler Ebene gefördert werden. Ein produktiver Wissens- und Technologietransfer wird in besonderer Weise dann gewährleistet, wenn ausgebildete Fachkräfte beim Übertritt in die Berufspraxis die Aufgaben, Probleme, Arbeitsabläufe und Methoden der Wirtschaft bereits kennen und neue Lösungen einbringen können. Und während Studierende bereits in der Ausbildung durch Kontakte mit der Wirtschaft oder öffentlichen Verwaltungen Erfahrungen und Fähigkeiten bei der Lösung praxisbezogener Probleme sammeln, erhalten durch Kooperationen zwischen Bildung und Praxis kleine und mittelgrosse Unternehmungen (KMU) die neuesten wissenschaftlichen Erkenntnisse.

Als Dienstleistungen werden im Allgemeinen alle Tätigkeiten bezeichnet, „die den Hauptzweck haben, bekanntes Wissen routinemässig anzuwenden bzw. bekanntes Wissen zu transferieren" (KFH 2003). Dienstleistungen finden insbesondere im Rahmen von Beratungen, Gutachten, Routinemessungen, Ausmietung von Laboratorien, Schulungen und Weiterbildungskursen statt. Mit Blick auf die Beratung wird deutlich, dass auf der individuellen Ebene der Beratenden neben Haltung, Ausbildungshintergrund und Berufsbiografie auch die von ihnen verwendeten Konzepte und Verfahren als Wahrnehmungsfilter im Beratungsprozess mitwirken (vgl. dazu Buchinger/Klinkhammer 2007).

Wird die Palette an Dienstleistungen genauer betrachtet, fällt auf, dass sich auch hier Gender-Kompetenz durch vier Dimensionen beschreiben lässt. Abbildung 4 gibt einen Überblick, welche Zielsetzungen diese Dimensionen im Einzelnen beinhalten können.

Ähnlich wie im Leistungsbereich Forschung & Entwicklung sind Mitarbeitende in Dienstleistung & Beratung erst durch Wissen über historische, politische, kulturelle, rechtliche und soziale Aspekte von Geschlechterverhältnissen in der Lage, ihre Projekte optimal auszurichten. Wichtig erscheint der Einbezug von Gender-Wissen insbesondere bei Beratungsangeboten, Gutachten oder Firmenschulungen. So ist es zentral, Dienstleistungsprojekte von Anfang an auf die möglicherweise unterschied-

Leistungsbereich Dienstleistung & Beratung

Fachkompetenz
- Prüfung der Beratungsaufträge auf Gender-Aspekte
- Einbindung von Gender-Wissen in Beratungen, Gutachten und Firmenschulungen

Methodenkompetenz
- Übersetzen von Gender-Wissen in Projekte
- Gender-sensibles Daten- und Faktenwissen
- Problemlösungsfähigkeiten

Sozialkompetenz
- Fähigkeit zur geschlechtersensiblen Interaktion in heterogenen Gruppen
- Differenzkonstruktionen erkennen und transformieren

Selbstkompetenz
- Prüfen eigener Identitätskonzepte
- Reflexion der eigenen Geschlechterrolle und Einbezug der Erkenntnisse in Projekte
- Lernfähigkeit

Gender-Kompetenz

Abbildung 4: Dimensionen von Gender-Kompetenz

lichen Bedarfslagen und Voraussetzungen von Frauen und Männern oder allgemein auf Geschlechterfragen hin zu prüfen. Bei einem verkehrspsychologischen Gutachten etwa, das durch eine staatliche Institution zur Beurteilung der Fahrtüchtigkeit eines Automobilisten nach einem Führerausweisentzug beigezogen wird, ist das unterschiedliche Verhalten (z.B. das statistisch überprüfbare Rückfallrisiko) von Frauen und Männern beim Autofahren zu berücksichtigen.

Auch in der Beratung ist es von Bedeutung zu ermessen, inwiefern Geschlechterfragen im Problemzusammenhang eine Rolle spielen. Es macht einen grossen Unterschied, ob Beratungsaufträge (z.B. für Teamsupervisionen) mit oder ohne Fokus auf Geschlecht und Geschlechterverhältnisse formuliert werden. Um Missverständnissen vorzubeugen und um den Beratungsauftrag ganzheitlich zu erfassen, ist es deshalb ratsam, bereits bei der Erstellung des Beratungskonzepts Gender-Aspekte zu klären. Gender-Kompetenz kann Beratende, Supervisorinnen und Coaches nicht nur bei der Entwicklung von Problemlösungsmöglichkeiten unterstützen, sondern auch zu neuen fachlichen und methodischen Erkenntnissen in Dienstleistung & Beratung führen. Zudem tragen gender-kompetente Mitarbeiterinnen und Mitarbeiter dazu bei, die Vorteile einer geschlechtergerechten Dienstleistungs- und Beratungspraxis auch zugunsten weiterer *Stakeholder* wie etwa anderen Hochschulen oder Berufsorganisationen zu nutzen.

Die nachfolgend aufgeführte Checkliste richtet sich an diesen Überlegungen aus. Im Beratungswesen, in der Supervision oder im Coaching tätige Personen können so ihren Blick für Geschlechterfragen schärfen und Anregungen für neue berufliche Handlungsperspektiven gewinnen.

Checkliste Dienstleistung & Beratung

Für Beratungsdienstleistungen gibt es häufig keine Orientierungshilfe, wie Geschlechterfragen einzubeziehen sind. Es lohnt sich aber auch hier, die eigene Wahrnehmung zu schärfen. Ein gender-sensibler Blick kann neue Aspekte von Problemstellungen aufzeigen und Perspektiven für berufliches Handeln bieten:

	→ Bitte schätzen Sie ein, inwiefern die Aussagen auf Sie zutreffen!	nie	selten	oft	immer
	Vorbereitung von Projekten im Bereich Dienstleistung & Beratung				
1	Bei der Planung von Beratungsangeboten (Supervision, Coaching, Organisationsberatung) schliesse ich auch geschlechterrelevante Aspekte ein (z.B. bei der Situations- und Problemanalyse).	☐	☐	☐	☐
2	Ich weiss, wo ich in meinem Arbeitsumfeld Beratung und Expertise in Geschlechter- und Gleichstellungsfragen einholen kann.	☐	☐	☐	☐
3	Ich prüfe meine Beratungsangebote und -prozesse auf geschlechterstereotype oder geschlechterblinde Denkweisen und Darstellungsformen (z.B. Sprache, Bilder, Redewendungen).	☐	☐	☐	☐
4	Ich berate meine Auftraggebenden auch hinsichtlich des Nutzens einer geschlechtersensiblen Sichtweise (z.B. Verbesserung von Effizienz, Kreativität und Arbeitszufriedenheit, Optimierung von Produktpaletten, Wachstumschancen, Wettbewerbsvorteile).	☐	☐	☐	☐
5	Ich vermeide bei der Problemanalyse den einseitigen Einbezug von männlichen oder weiblichen Anliegen, Lebenserfahrungen, Anwendungen.	☐	☐	☐	☐
6	Bei Firmenschulungen und in Weiterbildungsangeboten orientiere ich mich an einer geschlechtersensiblen Didaktik (siehe auch Checkliste Aus- und Weiterbildung).	☐	☐	☐	☐
7	Ich sensibilisiere auch meine Auftraggebenden/Praxispartnerinnen und -partner sowie meine Kolleginnen und Kollegen für Geschlechterfragen und Chancengleichheit.	☐	☐	☐	☐
8	Ich sorge für eine möglichst ausgewogene Vertretung von Frauen und Männern im Beratungsteam.	☐	☐	☐	☐
	Durchführung/Evaluation von Projekten im Bereich Dienstleistung & Beratung				
9	Ausgehend von der Situations- und Problemanalyse setze ich eine männliche oder weibliche bzw. eine geschlechtergemischte Leitung ein.	☐	☐	☐	☐
10	Ich thematisiere Geschlechter- und Chancengleichheitsfragen auch im Beratungsteam sowie mit vorgesetzten und unterstellten Kolleginnen und Kollegen.	☐	☐	☐	☐
11	In meinem Beratungsprozess berücksichtige ich eine geschlechtersensible Gestaltung von Interventionen und Veränderungsprozessen.	☐	☐	☐	☐
12	Im Beratungsprozess achte ich auf einen geschlechtergerechten Umgang mit Sprache, Texten, Bildern.	☐	☐	☐	☐
13	Meine Beratungsprojekte schliessen nach Möglichkeit auch Empfehlungen zur Vermeidung von Geschlechterungleichheiten ein.	☐	☐	☐	☐
14	Ich reflektiere meine eigenen Verhaltensweisen, Kommunikationsformen und Einstellungen als männliche/weibliche Fachperson in Dienstleistung & Beratung.	☐	☐	☐	☐
15	Ich evaluiere meine Beratungskonzepte und -prozesse auch daraufhin, inwiefern es gelang, Geschlechterfragen einzubeziehen.	☐	☐	☐	☐

4
Gender-Kompetenz an Hochschulen: Praxisbeispiele

Gender-Kompetenzen gelangen im Alltag der Hochschulen in vielfältiger Form zur Anwendung. Die hier versammelten Beiträge zeigen die Möglichkeiten ihrer Umsetzung in verschiedenen Tätigkeitsbereichen, insbesondere in technischen Feldern, auf. Deutlich werden dabei nicht nur die Herausforderungen, sondern auch der Gewinn, der mit Gender-Kompetenz in der Praxis verbunden ist.

Gender-Kompetenz der Hochschulen
Zur Umsetzung des Frauenförderplans an der Hochschule für Technik und Wirtschaft HTW Dresden

Mary Pepchinski

Die Hochschule für Technik und Wirtschaft Dresden (HTW Dresden) ist eine Nachfolgeinstitution der 1952 gegründeten Hochschule für Verkehrswesen ‚Friedrich List' Dresden, die in der DDR universitären Status besass. 1992 wurde die HTW Dresden etabliert. Heute ist diese eine Fachhochschule und bietet sowohl Diplom- als auch Bachelor- und Master-Studiengänge in den technischen und naturwissenschaftlichen Fächern an. Die HTW Dresden weist acht Fachbereiche auf, darunter Elektrotechnik, Maschinenbau und Informatik (die drei grössten), Vermessungswesen, Bauingenieurwesen/Architektur, Wirtschaftswissenschaft, Freiraumplanung/Agrarwissenschaft und Gestaltung. Die Hochschule beschäftigt 180 Professorinnen und Professoren bei circa 4000 immatrikulierten Studierenden.

Gleichstellungsarbeit in den neuen Bundesländern: Die Erbschaft der DDR

Die Rankings, die die HTW 2005/2006 vom ‚Center for Excellence of Women in Science' (CEWS) bekommen hat, waren sehr positiv, vor allem in Bezug auf den steigenden Anteil von Frauen als Angestellte in der Verwaltung und insbesondere auf der professoralen Ebene. Dieses erfreuliche Ergebnis darf als Reflektion der guten Gleichstellungsarbeit gesehen werden, die in den letzten Jahren in den Fachbereichen geleistet worden ist. Darüber hinaus muss hier der Rektor, Prof. Dr.-Ing. Hannes Neumann, genannt werden, der diese Entwicklung in den letzten Jahren sehr gefördert hat. Die genannten Ergebnisse sind auch deshalb besonders bemerkenswert, weil die HTW Dresden primär eine technische Fachhochschule ist. In diesem Zusammenhang soll die besondere Situation von Frauen in technischen und naturwissenschaftlichen Berufen in den neuen Bundesländern und die dortige Rolle der Gleichstellungsarbeit erwähnt werden. Gleichstellungsarbeit in den neuen Bundesländern war eine widersprüchliche Aufgabe. Einerseits wurden Frauen in der DDR seit dem ‚Sputnik-Schock' der 60er-Jahre ausdrücklich darin unterstützt, technische und naturwissenschaftliche Fächer zu studieren und in entsprechenden Berufen zu arbeiten. Ein gut ausgestattetes System von Krippen und Kindertagesstätten machte es jungen Frauen möglich, ihre Kinder während des Studiums und der frühen Jahre des Berufslebens zu bekommen. Selbstverständlich haben die meisten Frauen nach dem Studium weitergearbeitet; besonders in technischen und naturwissenschaftlichen Bereichen waren sie gut vertreten und akzeptiert. Fächer wie Architektur und sogar Informatik erlebten in den 70er-Jahren eine ‚Feminisierung'.

Anderseits wurden Frauen in der DDR aber nicht primär als Führungskräfte oder als leitende Figuren (u.a. Professorinnen) wahrgenommen. Vielmehr war ihr Einsatz in den technischen und naturwissenschaftlichen Bereichen vor allem in einer unterstützenden, einer Hilfsrolle vorgesehen. Es war zum Beispiel nicht ungewöhnlich, an der HTW Dresden eine Frau kennen zu lernen, die Mutter von drei Kindern war und ein technisches Labor leitete oder als Lehrkraft für besondere Aufgaben in einem naturwissenschaftlichen oder technischen Fach arbeitete. In der Reihe der Professoren aber bildeten Frauen eine Minderheit: 1998 zum Beispiel betrug ihr Anteil nur 8,4% und eine einzige Frau war in der höchsten Besoldungsgruppe (C3) eingereiht.

Wegen der starken Präsenz von arbeitenden Frauen in der Hochschule, besonders im technischen Bereich, war es in der Zeit nach der Wende nicht vordringlich, die Integration der Frauen in diesem Bereich generell zu fördern. Vielmehr ging es darum, den Anteil der Frauen auf der professoralen Ebene zu erhöhen.

Die Frauenförderpläne der HTW Dresden

Um den „Abbau von Benachteiligungen für Frauen zu verwirklichen und die Gleichstellung von Frauen und Männern an der Hochschule zu fördern", wurde für die Periode von Oktober 2000 bis Oktober 2004 ein erster Frauenförderplan vorgelegt, gefolgt von einem zweiten für die Zeit von Oktober 2004 bis Oktober 2008. Die Frauenförderpläne basieren auf den Vorgaben der Verfassung des Freistaates Sachsen, dem Sächsischen Hochschulgesetz vom 11.06.1999 (SächsHG) und dem Sächsischen Frauenförderungsgesetz vom 31.03.1994 (SächsFFG).

Um einen neuen Frauenförderplan zu erarbeiten, wurde das folgende Verfahren eingeleitet: Zuerst analysierten und diskutierten die Gleichstellungsbeauftragten der Hochschule, die Gleichstellungsbeauftragten der Fachbereiche und die Verwaltung[1] die Ergebnisse des auslaufenden Frau-

---

1 Gemäss SächsHG wählt jeder Fachbereich eine Gleichstellungsbeauftragte sowie deren Stellvertreterin; die Gleichstellungsbeauftragten der Fachbereiche wählen dann aus ihrer Mitte eine Gleichstellungsbeauftragte für die ganze Hochschule und eine Stellvertreterin.

enförderplanes. Danach erarbeiteten sie gemeinsam Vorschläge für den neuen Frauenförderplan. Diese wurden dann von der Gleichstellungsbeauftragten der Hochschule zusammengefasst und in Zusammenarbeit mit dem Personaldezernenten in einen neuen Frauenförderplan eingearbeitet. Es lag in der Verantwortung des Personaldezernenten der Hochschule, den Frauenförderplan zusammenzustellen und ihn sowohl dem Rektoratskollegium als auch dem akademischen Senat der Hochschule vorzulegen. Um den Frauenförderplan in Kraft zu setzen, war es notwendig, dass beide Gremien dem Plan zustimmten. Die Ziele des neuen Frauenförderplans wurden im akademischen Senat von der Gleichstellungsbeauftragten der Hochschule und dem Personaldezernenten der Hochschule gemeinsam erläutert. Schliesslich war der Personaldezernent der Hochschule gesetzlich verpflichtet, der Gleichstellungsbeauftragten der Hochschule jährlich eine Statistik über die Beschäftigungsverhältnisse der Hochschule, aufgeteilt nach Gehaltsgruppen und Geschlecht, vorzulegen. Der Umstand, dass der Personaldezernent der Hochschule die Verantwortung für diese Aufgabe trägt, und nicht die Gleichstellungsbeauftragte, liegt darin begründet, dass die Gleichstellung in den neuen Bundesländern in erster Linie als Personalarbeit gesehen wird. Wie oben beschrieben kann die Gleichstellungsbeauftragte der Hochschule aber Vorschläge für die Formulierung des Frauenförderplanes machen.

Umsetzung: Den Anteil von Professorinnen steigern

Um den Anteil der Professorinnen zu steigern, werden qualifizierte Frauen im Voraus aufgefordert, sich für eine Professur zu bewerben. Zudem sollen die Berufungskommissionen in jeder Personalkategorie geschlechtsparitätisch besetzt werden. Für Fachgebiete, in denen die Anzahl der weiblichen Beschäftigten hierfür nicht ausreicht, sollen Vertreterinnen aus benachbarten Fachgebieten vorgeschlagen werden. Bewerberinnen, welche ausreichende fachliche Qualifikationen und die weiteren Berufungsvoraussetzungen gemäss dem Sächsischen Hochschulgesetz erfüllen, sind in der Regel zu Probevorträgen einzuladen. Dabei wird ein ausgewogenes Verhältnis von Bewerberinnen und Bewerbern angestrebt. Zusätzlich wird die Gleichstellungsbeauftragte des Fachbereiches bzw. ihre Vertreterin in die Arbeit der einzelnen Berufungskommissionen einbezogen. Sie hat das Recht, an den Sitzungen der Berufungskommissionen und an den Probevorträgen teilzunehmen; sie kann bei den Diskussionen mitreden, wenn auch ohne Stimmrecht; sie hat die Endergebnisse mit zu unterschreiben, kann aber, wenn sie einem Vorschlag nicht zustimmte, eine schriftliche Begründung abgeben. Auch im akademischen Senat ist sie berechtigt, ihre Meinung öffentlich vorzutragen.

Es erweist sich weiter als sinnvoll, qualifizierten Frauen einen Listenplatz zu geben, auch wenn sie nicht auf den ersten Platz kommen. In einigen Fällen resultierte die Nichtannahme des Rufes durch den höher platzierten Bewerber letztendlich in der Berufung einer Bewerberin.

Die Strategie ist erfolgreich: Der Anteil der Professorinnen stieg von 8,4% im Jahr 1998 auf 10,7% im Jahr 2000, 2004 betrug er 14,9%. Diese Entwicklung hat zu einer steigenden Akzeptanz von Frauen als Professorinnen an der HTW Dresden geführt. Es gab sogar einmal eine Berufungsliste (die normalerweise drei Namen haben sollte) mit nur einem Namen von einer Kandidatin. In der Regel ist eine Berufungsliste mit nur einem Namen eine Ausnahmeerscheinung. Ein solcher Vorschlag wird oft sehr kontrovers diskutiert oder gar abgelehnt. Weil diese Frau hervorragend qualifiziert war, wurde der ungewöhnliche Vorschlag vom akademischen Senat genehmigt. Heute arbeitet die Frau an der HTW als Professorin.

Zurzeit liegt der Anteil der Professorinnen bei etwa 17%. Das Ziel, bis 2010 einen Anteil von 18% bis 20% Frauen zu erreichen, erscheint durchaus plausibel.

Umsetzung: Mentoring von Studentinnen

Zur Unterstützung des Karriereeinstiegs von jungen Frauen in technischen und naturwissenschaftlichen Berufen wurde für die Jahre 2004–2006 ein Mentoring-Programm ‚ELISA – Eliten-Förderung: Studentinnen aus Sachsen' angeboten. An der HTW Dresden wurde dieses Programm von der Gleichstellungsbeauftragten der Hochschule geleitet. Das ELISA-Programm war ein Verbundprojekt von drei Universitäten (TU Dresden, TU Chemnitz, Medizinische Fakultät der Universität Leipzig) und drei Fachhochschulen (HTW Dresden, HTW Zittau, HTWK Leipzig). Die Arbeit des Projekts wurde durch Mittel des Hochschulentwicklungsprogramms aus dem Bundeshaushalt finanziert. Diese Mittel ermöglichten es, dass jede Hochschule für die Projektkoordination sowohl eine halbe Stelle für drei Jahre und zusätzlich Sachmittel sowie Mittel für Dienstreisen, Werbematerial, usw. bekam. Die Koordinierung des gesamten Projektes übernahm der Lehrstuhl für Arbeitspsychologie der TU Dresden. Von der HTW Dresden wurden jedes Jahr zwölf Studentinnen im Hauptstudium ausgewählt. Diese nahmen zwölf Monate lang mit anderen Studentinnen an den Workshops des ELISA-Programms teil; jede dieser

Studentinnen nahm mindestens einmal im Monat Kontakt mit einem Mentor aus der Praxis auf, der sie auch betreute.

Trotz der guten Akzeptanz waren die Mittel Ende 2006 ausgelaufen. Das ELISA-Programm gibt es deshalb an der HTW Dresden nicht mehr.

Kompetenzen der Gleichstellungsarbeit erweitern: Gender Studies

Die Arbeit der Gleichstellungsbeauftragten der HTW war nicht von vornherein darauf angelegt, eine ‚Gender-Kompetenz' aufzubauen, die sowohl die historische, politische, rechtliche und soziale Dimension der Geschlechterverhältnisse analysiert und thematisiert sowie neue Strukturen und Prozesse initiiert, um die geschlechtsspezifische Diskrepanz, soziale Exklusion und Benachteiligung aufzubrechen. Um trotzdem eine ‚Gender-Kompetenz' etablieren zu können, nahm ich als Gleichstellungsbeauftragte Kontakt mit der ‚Koordinierungsstelle Gender Studies' (KoGenS), einem Verbundprojekt im Bundesland Sachsen, auf. Dieses Projekt war an der Evangelischen Hochschule für Sozialarbeit in Dresden angesiedelt und hatte zum Ziel, die verschiedenen Forschungsvorhaben der Hochschulen, Forschenden und Lehrenden, die sich mit Themen der Gender Studies im Bundesland Sachsen beschäftigten, miteinander zu vernetzen. Dazu wurden unter anderem zwischen 2001 und 2004 sechs offene Vortragsreihen organisiert, die sich mit dem Thema ‚Gender und Gesellschaft' befassten. Die Vortragenden waren hauptsächlich Hochschullehrkräfte aus Einrichtungen des Bundeslandes Sachsen. Um die Ideen der Gender-Kompetenz und Gender Studies in der HTW Dresden unmittelbar bekannt und zugänglich zu machen, habe ich diese Vortragsreihe für das Sommersemester 2003 an meine Hochschule geholt. Die Vortragsreihe dieses Semesters hiess ‚Gender, Technik, Gesellschaft' und sollte die Schnittpunkte zwischen den Ideen der Gender-Forschung und der angewandten Technik identifizieren.

2004–2005: Entwicklung eines neuen Frauenförderplanes

Ende 2004 wurde der zweite Frauenförderplan formuliert. Um möglichst viele Frauen in diese Arbeit zu integrieren, trafen sich die Gleichstellungsbeauftragten der Fachbereiche und der Verwaltung der Hochschule regelmässig ein- bis zweimal im Monat, um die Ziele des Plans zu definieren. Zusätzlich wurden andere beispielhafte Frauenförderpläne vergleichbarer Fachhochschulen gesammelt, gelesen und analysiert.

Während die Besetzung von Professuren weiterhin ein Thema im neuen Frauenförderplan war, erhielt dieser auch neue Ziele.[2] So sollten Studentinnen gleiche Chancen erhalten, als Hilfskräfte beschäftigt zu werden, um dadurch engere Kontakte zu Professoren und Professorinnen zu bekommen und an Forschungsvorhaben teilnehmen zu können. In manchen Fachrichtungen ist die Arbeit als studentische Hilfskraft nämlich eine wichtige Referenz für den Lebenslauf bzw. den Einstieg ins Berufsleben.

Im Weiteren sollte von der Hochschule für Beschäftigte und Studierende mit Kindern Raum zur Verfügung gestellt werden, damit für diese Betreuungsmöglichkeiten in Eigeninitiative organisiert werden könnten. Studierende Mütter und Väter sollten durch flexible Prüfungszeiten, Sonderstudienpläne usw. darin unterstützt werden, das Studium in der Regelzeit abzuschliessen.

Für die Professoren und Professorinnen hatten die Dekane sicherzustellen, dass Frauen und Männer bei der Aufteilung der den Fachbereichen zugewiesenen Sachmittel gleich behandelt werden. Die Vortragstätigkeit von Frauen an wissenschaftlichen Tagungen sollte ‚ausdrücklich gefördert' werden. Forschungsaktivitäten zu Gender-Themen und Bestrebungen von Lehrkräften, in ihren Veranstaltungen Inhalte der Gender-Forschung bzw. gender-spezifische Themen im jeweiligen Fachgebiet aufzugreifen, sollten ‚ausdrücklich' unterstützt werden.

Gleichstellungsarbeit und Gender-Kompetenz: Umsetzung, Fortschritte und Hindernisse

Bezüglich der Umsetzung des zweiten Frauenförderplanes gab es, abgesehen von dem Bestreben, die Zahl der Professorinnen bis 2009/2010 auf 18% bis 20% zu erhöhen, keine konkreten Ziele und Massnahmen. Deshalb ist die Umsetzung des Frauenförderplans sehr schwierig. Zum Beispiel stellt sich die Frage, was genau die Formulierung „Vortragstätigkeit von Frauen an wissenschaftlichen Tagungen sollte ausdrücklich gefördert werden", bedeutet. Heisst ‚ausdrücklich gefördert', dass Frauen zusätzliches Reisegeld oder zusätzliche Hilfe beim Zusammenstellen eines Vortrages erhalten oder reduzierte Lehrstunden, damit sie ihre Vorträge schreiben können? Oder ist die Formulierung nur dahingehend zu verstehen, dass zu den Aufgaben von Frauen auch das Halten von wissenschaftlichen Vorträgen ausserhalb der Hochschule gehören kann? Die Erfahrung hat jedenfalls gezeigt, dass eine Dozentin mit dieser Formu-

---

2 Der neue Frauenförderplan ist zu finden unter http://www.htw-dresden.de/gleichstellung/.

lierung bezüglich des Erhalts zusätzlicher Mittel oder einer sonstigen Unterstützung für ihre Vortragstätigkeit ausserhalb der HTW nicht gut bedient ist. Ähnliches gilt für die Umsetzung des Faches Gender Studies. Überhaupt ist die faire Verteilung der Mittel der Frauenförderung an der Hochschule an weibliche und männliche Professuren schwer zu kontrollieren.

Bei der Umsetzung des Frauenförderplanes liegt die Hauptverantwortung bei der Gleichstellungsbeauftragten der Hochschule. Sie bekommt Unterstützung von den Gleichstellungsbeauftragten der Fachbereiche und der Verwaltung. Konflikte werden zuerst von den Gleichstellungsbeauftragten der Fachbereiche in dem jeweiligen Fachbereich behandelt. Wenn sich keine zufriedenstellende Lösung finden lässt, wird die Gleichstellungsbeauftragte der Hochschule gebeten, das Problem zu lösen. In extremen Fällen bittet die Gleichstellungsbeauftragte der Hochschule das Rektoratskollegium der Hochschule (Rektor, zwei Prorektoren und ein Kanzler) um Hilfe, den Konflikt oder das Problem im Bereich der Gleichstellungsarbeit zu lösen.

Leider besteht die Macht der Gleichstellungsbeauftragten der Hochschule nur in ihrer Argumentationsfähigkeit gegenüber den Dekanen der Fachbereiche und dem Rektoratskollegium, auf deren Gutwilligkeit sie angewiesen ist. Es gibt zwar die Möglichkeit, eine schriftliche Beschwerde über einen Verstoss gegen den Frauenförderplan oder ein entsprechendes Fehlverhalten einzureichen. Diese Beschwerden sind jedoch nur als unverbindliche Hinweise zu verstehen. Im Übrigen drohen der Hochschule beziehungsweise dem Fachbereich keinerlei Sanktionen, wenn die Ziele des Frauenförderplanes nicht erfüllt werden. Die Erfahrung hat gezeigt, dass das Beherrschen von geschlechterspezifischen Problemlösungsmöglichkeiten (Daten- und Faktenwissen, Kenntnisse über Konzepte der Antidiskriminierungspolitik, Quotierungsregeln, Gender Mainstreaming) alleine wenig bewirkt. Da die politischen Strukturen im Bundesland Sachsen sehr konservativ geprägt sind, ist von der Politik bei der Lösung von Konflikten im Bereich der Gleichstellungsarbeit auch nur eine begrenzte Unterstützung zu erwarten.

Unter den beschriebenen widrigen Rahmenbedingungen wurde im Jahr 2003 von der Gleichstellungsbeauftragten der Hochschule ein ‚Mobbing-Seminar' initiiert und durchgeführt. Das Rektoratskollegium übernahm für diese Veranstaltung die Kosten. Das Seminar war allen Hochschulangehörigen zugänglich. Eine Expertin referierte über die Definition und die rechtliche Stellung von Mobbing und zeigte Strategien zur Konfliktlösung in Institutionen auf. Zusätzlich wurden regelmässig Fortbildungsseminare zu Gender Mainstreaming, Konfliktlösung und Antidiskriminierungspolitik an der Akademie für öffentliche Verwaltung Meissen (AVS) in der Nähe von Dresden angeboten. Für die Teilnahme an Fortbildungsseminaren konnten beim Fachbereich oder Rektorat Mittel beantragt werden.

Zu den grössten Fortschritten in meiner Zeit als Gleichstellungsbeauftragte der HTW Dresden zählt die Einrichtung der geregelten Gleichstellungsarbeit innerhalb der Hochschule. So treffen sich die Gleichstellungsbeauftragte der Hochschule und die Verwaltung regelmässig (drei- bis viermal im Semester), um miteinander Probleme zu diskutieren, Information auszutauschen und Kontakte zu pflegen. Ausserdem nahm ich als Gleichstellungsbeauftragte der Hochschule an den Besprechungen der Bundes- und der Landeskonferenz der Gleichstellungsbeauftragten teil. Sowohl innerhalb als auch ausserhalb der Hochschule, und dort auf der Landes- und Bundesebene, haben die steigende Zahl der Professorinnen und das positive CEWS-Ranking eine grosse Anerkennung erhalten. Innerhalb der HTW Dresden ist es inzwischen leichter geworden, Frauen zu berufen und Frauen als stimmberechtigte Mitglieder in Berufungskommissionen aufzunehmen. Die Formulierung des neuen Frauenförderplans der HTW Dresden bekam im Bundesland Sachsen weitere Anerkennung.

Die Integration von Gender-Kompetenz in die Gleichstellungsarbeit, d.h. der kritische Impuls zum Abbau der politischen, kulturellen, sozialen und rechtlichen Dimension von Geschlechterverhältnissen und deren Folgen, stösst jedoch weiterhin auf verschiedene Hindernisse. Ein solches ist die ‚Technik-Kultur', von der die Mentalität in den neuen Bundesländern tief geprägt ist. Diese Haltung führt zu einer breiten Akzeptanz der naturwissenschaftlichen und technischen Fächer (und ihrer Anwendung in der freien Wirtschaft), die einen linearen Denkprozess beanspruchen. Dagegen herrscht ein tiefes Misstrauen gegenüber den geistes- und sozialwissenschaftlichen Fächern, die ein kritisches und analytisches Denken erfordern, dessen Anwendung in der Regel nicht unmittelbar eine praktische Nutzung in der Wirtschaft findet. In den neuen Bundesländern erschien es im Allgemeinen wichtiger, neue Wirtschaftsstrukturen aufzubauen, als Machtstrukturen aufzubrechen und akzeptierte gesellschaftliche Konstruktionen zu hinterzufragen. Schliesslich waren die Hauptakteure in den Hochschulen in den neuen Ländern fast ausschliesslich Männer, die als Ingenieure an Technischen Universitäten ausgebildet und von politischer und wirtschaftlicher Benachteiligung, und nicht geschlechtlicher Diskriminierung, geprägt waren.

Viele in den neuen Bundesländern blickten auf die DDR zurück und sahen ein hohes Niveau an weiblicher Beschäftigung, gut strukturierte und bezahlbare Einrichtungen für Kinderbetreuung und eine relativ starke Präsenz von Frauen in technischen und naturwissenschaftlichen Studiengängen und Berufen. Im Vergleich zu den alten Bundesländern besassen Frauen in den neuen Bundesländern von vornherein ein wesentlich grösseres Mass an Gleichberechtigung in Familie, Studium und Arbeitsleben. Deswegen war es auch schwirig zu vermitteln, dass die Gleichstellung noch längst nicht erreicht war und dass die herrschenden Machtverhältnisse weiter hinterfragt werden müssen, um eine gesunde, produktive, gleichberechtigte und damit moderne Gesellschaft zu ermöglichen.

Im Weiteren ist es für breite Kreise schwer zu begreifen, dass soziale und kulturelle Benachteiligung auch eine tief greifende Wirkung auf die wirtschaftliche Attraktivität eines Standortes haben kann. So sind technische und naturwissenschaftliche Fächer im Studienangebot an den Universitäten und Fachhochschulen der neuen Bundesländer überrepräsentiert. Es ist aber auch eine Tatsache, dass Frauen diese Fächer nicht sehr attraktiv finden. So wurde in einer aktuellen Studie des Berliner Forschungsinstituts für Bildungs- und Sozialökonomie (FIBS) festgestellt, dass jährlich mehr als 10'000 junge Frauen die neuen Bundesländer verlassen, um anderswo, vor allem in Berlin und in den alten Bundesländern, zu studieren (vgl. Dohmen/Himpele 2007). Überhaupt haben seit 1989 überdurchschnittlich viele junge Frauen die neuen Bundesländer verlassen; in manchen Regionen beträgt der Anteil der zwischen 20 und 30 Jahre alten Einwohnerinnen nur um 45,7%.[3]

Gleichstellungsarbeit, Gender-Kompetenz und Gender Studies: Die Zukunft

Es ist möglich, dass die Einführung von gestuften Studiengängen (Bachelor, Master) die Hochschulen intensiver mit den Ideen der Gender-Kompetenz, d.h. des kritischen Impulses zum Abbau der politischen, kulturellen, sozialen und rechtlichen Dimension von Geschlechterverhältnissen und von deren Folgen, in Kontakt bringen wird. Schliesslich soll im Rahmen der Internationalisierung des europäischen Hochschulsystems die Geschlechtergerechtigkeit realisiert werden. Um dieses Ziel zu verwirklichen, hat das Netzwerk Frauenforschung Nordrhein-Westfalen 2007 im Zuge des Bologna-Prozesses Massnahmen zur geschlech-

---

3 Technik vergrault Frauen aus dem Osten, in: Die tageszeitung, 27.07.2007.

tergerechten Ausgestaltung von Studiengängen der technischen und naturwissenschaftlichen Fächer, fachübergreifende Gender-Curricula und Gender-Module vorgeschlagen sowie Listen von Gender-Expertinnen für Begutachtungs- und Akkreditierungsverfahren für gestufte Studiengänge im Internet veröffentlicht.[4] Neue Studiengänge sollen verpflichtet werden, fachübergreifende Gender-Curricula mit Gender-Modulen anzubieten. Es ist davon auszugehen, dass solche Massnahmen ein offenes, konstruktives und unterstützendes Klima für die Aspekte der Gender-Kompetenz innerhalb von Hochschulen wie der HTW Dresden schaffen werden.

Schlussbemerkungen

Dem unbestreitbaren Erfolg der Gleichstellungsarbeit an der HTW Dresden sind auch andere, weniger positive Entwicklungen gegenüberzustellen. So ist die Präsenz von Studentinnen in klassischen technischen Fächern wie Maschinenbau oder Bauingenieurwesen heute nicht mehr so hoch wie in der Zeit vor 1989. Auf Tagungen zu Gleichstellungsfragen wurde dies als ‚Übernahme der Geschlechterverhältnisse der Bundesrepublik' diskutiert. Auf der höchsten Führungsebene (Rektor, Kanzler, Rektoratskollegium) gibt es an der HTW Dresden bisher kein einziges weibliches Mitglied.[5] Obwohl einige Fachbereiche Prodekaninnen beschäftigen, gab es seit 1992 nur eine einzige Dekanin. Die Chance wurde verpasst, im Zuge der Umwandlung der alten Diplomstudiengänge in konsekutive Bachelor- oder Masterstudiengänge regelmässige Lehrveranstaltungen zu Gender-Themen zu etablieren; Forschungsaktivitäten zu Frauen- und Gender-Themen werden nur in begrenztem Rahmen unterstützt.

Positiv zu sehen ist das zunehmende Interesse der Professorinnen, sich regelmässig im Semester zu einem ‚Stammtisch' zu treffen, um Erfahrungen und Informationen auszutauschen.

In der Zeit meines Wirkens als Gleichstellungsbeauftragte der HTW Dresden wurden einige Schritte gemacht, um den Abbau von Benachteiligungen für Frauen zu verwirklichen und die Gleichstellung von Frauen und Männern an der Hochschule zu fördern. Meine engagierte

---

4 Siehe http://www.gender-in-gestufte-studiengaenge.de/.
5 Es muss erwähnt werden, dass die Verwaltung der HTW Dresden sich bemüht hat, für mindestens eine Prorektorenstelle eine Frau zu gewinnen. Bisher haben die angefragten Frauen dieses Angebot nicht angenommen.

Nachfolgerin, Prof. Dr. Ute Götzen, wird diese Arbeit sicherlich erfolgreich weiterentwickeln. Sie will vor allem die Benachteiligung von Frauen am Arbeitsplatz, sowohl in der Hochschule als auch in der freien Wirtschaft, analysieren und Strategien entwickeln, die Diskriminierung und Ausgrenzung abbauen können. Seit April 2006 organisiert sie verschiedene Workshops, Ausstellungen und Vorträge zum Thema ‚Die geheimen Regeln am Arbeitsplatz' mit Vortragenden und Teilnehmenden aus den Bereichen Industrie und öffentlicher Dienst für die Professoren, Mitarbeitende und Studierende der HTW Dresden. Zusätzlich analysiert sie die Beschäftigungsstruktur und Ausstattung der verschiedenen Lehrbereiche, um deren Angemessenheit und eine gleichberechtigte Verteilung der Ressourcen und Mittel der Hochschule zu gewährleisten. Eine weitere Untersuchung befasst sich mit der Häufigkeit der Integration der Gleichstellungsbeauftragten der Fachbereiche und der Verwaltung bei Personalentscheidungen im Bereich des Mittleren und Einfachen Diensts. Ihre kreativen und überzeugten Ansätze werden sicherlich die positive Tradition der Gleichstellungsarbeit an der HTW Dresden weiterentwickeln und eine breite Resonanz geniessen.

Das Potenzial der Frauen ausschöpfen!

Interview Edith Rosenkranz-Fallegger

Herr Christener, Sie sind schon lange im Feld Technik – und an dieser Hochschule – tätig. Was hat sich Ihrer Meinung nach in Ihrem Arbeitsumfeld in den letzten Jahren mit Blick auf Geschlechter- und Gleichstellungsfragen verändert?

Jürg Christener: Seit 1998 haben wir ausgehend von den Vorgängerschulen HTL/HWV über die kantonalen Fachhochschulen bis zur Fusion der heutigen Fachhochschulen grosse Veränderungen erlebt. Kaum war dieser Prozess über die Bühne, musste die Bologna-Reform umgesetzt werden. Diese Arbeit war für alle Mitarbeitenden in verantwortlichen Positionen eine enorme Belastung.

Erfreulich ist, dass die vielen Fusionsbewegungen der letzten Jahre bei den Fachhochschulen zu einem Anstieg des Frauenanteils geführt haben. Mit Blick darauf stelle ich fest, dass die Frauen heute sowohl hinsichtlich der Anzahl als auch der Position als selbstverständlicher Teil in die Fachhochschulen hineingewachsen sind. Diese Selbstverständlichkeit hat es vorher nicht gegeben; ich denke dabei an die rein männerdominierten HTL-Zeiten. Durch den Wandel haben die Frauen heute eine Position, die sich von jener der Männer nicht unterscheidet. Die Frage Mann oder Frau hat also deutlich an Gewicht verloren.

Wenn ich den Blick auf unsere Hochschule für Technik (HST) werfe, sind wir aber von einer ausgewogenen Geschlechterverteilung noch immer weit entfernt. Kritisch betrachtet stellt sich hier die Frage, ob die Position der Frauen eine spezielle ist, weil sie eine Minderheit darstellen. Wenn immer möglich und vor allem bei gleichwertiger Qualifikation wollen wir Positionen mit Frauen besetzen. Ein guter Mix von Frauen und Männern wäre auch bei uns erstrebens- und wünschenswert. Dies gilt für Mitarbeitende als auch für Studierende. Wir müssen dafür sorgen, dass wir das Potenzial der Frauen besser ausschöpfen.

Welches sind aus Ihrer Sicht die drei wichtigsten Projekte der nächsten drei Jahre an der HST?

Christener: Oberste Priorität hat die Analyse der Erkenntnisse unserer voll modularisierten Lehre im Bachelor-Studiengang. Auf dieser Basis sind Angebot und Steuerungsmechanismen entsprechend anzupassen. So erhalten wir ein System, welches für Studierende und Institutionen stimmt. Ein zweiter Punkt ist die Etablierung der Masterstudiengänge und ein dritter ist die Akkreditierung dieser Studiengänge. Dazu gehört auch die Erweiterung des Qualitäts-Management-Systems, sodass wir die Akkreditierung gut über die Bühne bringen können.

Gender-spezifische Projekte haben wir im Moment keine. Es kann aber gut sein, dass wir beim Etablieren des QM-Systems auf Gender-Aspekte stossen werden. Ausgehend von der Strategie sind wir daran, Qualitätsindikatoren auszuarbeiten. Hier können sich durchaus Indikatoren mit einem Bezug zur Gender-Frage abzeichnen. Neben den Studierenden, d.h. in der Lehre, wo wir bereits Erfahrungswerte haben, geht es auch um die Qualität am Arbeitsplatz. Ich denke, dass für Assistierende oder wissenschaftliche Mitarbeitende hinsichtlich der Karrieremöglichkeiten unterschiedliche Wunschvorstellungen bestehen. So könnten sich etwa im Feld der Vereinbarkeit von Familie und Beruf Projekte ergeben.

Welche Rolle spielt es an Ihrer Hochschule, Mann oder Frau zu sein?
CHRISTENER: Bei der *Verteilung* von Aufgaben ist aus meiner Sicht die fachliche Qualifikation zentral, das Geschlecht spielt eine untergeordnete Rolle. Ich gehe davon aus, dass Frauen, weil sie untervertreten sind, in allen Situationen eher bevorzugt werden. Sicher können bei einer unausgewogenen Geschlechterverteilung die unterschiedlichen Wertmassstäbe von Männern und Frauen eine Rolle spielen. Grundsätzlich denke ich, dass sich die Männer Mühe geben, wertneutral zu sein. Das gelingt wohl nicht immer, weil sie – wie alle Leute – die Welt durch ihre Augen sehen. Nicht ausschliessen kann man somit eine subjektive Beurteilung aus einer männerdominierten Sicht.

In meinem direkten Umfeld, im Stockwerk, auf welchem ich mein Büro habe, arbeiten mehr Frauen als Männer. Ein traditionelles Rollenbild nehme ich nicht wahr. Bei uns wirken auch die Männer unterstützend, machen Kaffee oder kleine Handreichungen. Vielleicht ist dies die Ausnahme, unser Verhältnis ist möglicherweise geprägt, aber sicher nicht belastet durch traditionelle Rollenbilder. Die Verteilung der beruflichen Aufgaben ist hingegen eher traditionell. So haben wir in den Sekretariaten, die eher eine unterstützende Funktion haben, deutlich mehr Frauen als Männer. Das ergibt sich daraus, dass Frauen immer noch klassische Frauenberufe wählen. Innerhalb von geschlechtergemischten Teams verschwindet eigentlich die traditionelle Aufgabenteilung.

Bei den *Beziehungen am Arbeitsplatz* sind generelle Aussagen schwierig. Einerseits haben wir noch Mitarbeitende, die in einer Gesellschaft mit einem traditionellen Rollenbild aufgewachsen sind und diese Prägung in die Arbeitsbeziehungen hineintragen. Auf der anderen Seite stelle ich auf allen Ebenen eine grosse Aufgeschlossenheit fest. Gute Beispiele sind erfolgreiche junge Frauen, die nach dem Studium eine Assistenzstelle annehmen. Weil sie bereits im Studium durch ihre herausragenden Leistungen aufgefallen sind, geniessen sie Ansehen und haben eine gute Position bei Dozierenden und Institutsmitarbeitenden. Besonders gefreut hat uns, dass wir an der Diplomfeier Ende 2007 einer Frau den Preis für den besten Abschluss im Maschinenbau überreichen konnten. Ebenfalls stolz sind wir, dass eine unserer Assistentinnen bei der Entwicklung von ‚Nessi', dem energieeffizienten ‚Schnei-Lanzensystem', mitgearbeitet und die Tagesschau darüber berichtet hat. Schneekanonen à la ‚Nessi' sind dank verbessertem Düsensystem an der Lanzenspitze leiser und verbrauchen 80 Prozent weniger Energie als herkömmliche. Diese Beispiele illustrieren, dass Frauen in technischen Disziplinen mit hervorragenden Leistungen herausstechen und einen herausragenden Job machen. Heute findet der Wettbewerb bezüglich der beruflichen Leistungen zwischen jungen Leuten statt; einen direkten Zusammenhang mit der Geschlechterfrage stelle ich nicht fest. Die herausstechenden Verdienste junger Ingenieurinnen werden aber mit Sicherheit das traditionelle Rollenbild verändern.

Gibt es an Ihrer Hochschule Personen, die sich inhaltlich mit Geschlechterfragen befassen (z.B. in der Aus- und Weiterbildung, bei Forschungs- und Beratungsprojekten etc.)?
CHRISTENER: Personen, welche sich vollamtlich mit Geschlechterfragen befassen, haben wir nicht. In mehreren Bereichen setzen sich aber Mitarbeitende damit auseinander. Insbesondere im Leistungsbereich Lehre stellt sich die Ausbildungsleitung immer wieder die Frage, mit welchen Massnahmen und Projekten junge Frauen für technische Studiengänge gewonnen werden könnten. Eine grosse Herausforderung stellt sich beispielsweise auch am Institut für Geistes- und Naturwissenschaften, das von den zehn Instituten der HST wohl die ausgewogenste Geschlechterverteilung hat. Das Bild präsentiert sich dennoch geschlechtertypisch, die traditionelle Rollenverteilung ist noch sicht- und spürbar. Konkret sind Männer Mathematiker und Physiker, einen Gegenpol dazu bildet die frauenlastige Seite der Sprachdozierenden. Angesichts dieser geschlechtertypischen Verteilung von Männer- und Frauenberufen liegt die Gender-Frage als Herausforderung auf dem Tisch der Institutsleitung.

Diese Beispiele gelten für die Lehre; bei den Leistungsbereichen Forschung und Dienstleistungen stellen sich Geschlechterfragen wenig bis gar nicht. Insgesamt haben wir auf Stufe Lehre zwei Personen, die sich mit Geschlechterfragen auseinandersetzen. Ich denke, sie tun dies gerne und sehen es nicht als notwendiges Übel. Dieses Engagement ist weder Teil des Arbeitspensums noch explizit im Pflichtenheft ausgeführt.

Gibt es an Ihrer Hochschule Personen, die sich mit Gleichstellungsfragen befassen (z.B. auf der strategischen Ebene und/oder im Vollzug?
CHRISTENER: In strategischer Hinsicht müssten Gleichstellungsfragen von mir und meinen beiden Stellvertretern bearbeitet werden. Grundsätzlich unterscheiden wir aber nicht so streng zwischen Geschlechter- und Gleichstellungsfragen. Anders hingegen auf der operativen Ebene: Hier haben wir eine wissenschaftliche Mitarbeiterin, die mit Engagement konkrete Gleichstellungsprojekte umsetzt und als Frau ein glaubwürdiges Vorbild ist.

In welchen Technikbereichen wird aus Ihrer Sicht mehr Sensibilität für Geschlechterfragen benötigt?
CHRISTENER: Bei der Mehrheit der Mitarbeitenden spüre ich eine ausgeprägte Sensibilisierung. Die Leute sind sich der Grundproblematik bewusst, geben sich Mühe auch bei Sprache und Wortwahl. Bis jetzt kenne ich einen einzigen konkreten Fall, in welchem eine Klage einer Frau wegen gender-spezifisch unangemessener Behandlung bei mir landete. Nicht immer ist es hingegen bei den Studierenden gegeben: Sie sind in einem Alter, in dem die Beziehung zwischen Mann und Frau eine besondere Bedeutung hat. Zudem sind sie noch damit beschäftigt, Beziehungen zu suchen, und oft ist noch eine sehr jugendliche und wenig sensible Haltung zu spüren. So wurde beispielsweise vereinzelt in Diplomzeitungen auf wenig sensible Weise auf Frauen angespielt. Und manchmal werden in Klassenräumen Fotos von halb angezogenen Frauen aufgehängt. Dass dabei Frauen verletzt werden könnten, ist den jungen Männern überhaupt nicht bewusst. Werden uns solche Fälle bekannt – etwa durch Klagen von Studentinnen oder durch aufmerksame Leute, die durchs Gebäude gehen –, sprechen wir die jungen Männer an und versuchen, sie zu sensibilisieren.
Am Beispiel der Gruppenzusammensetzung zeigt sich, dass, je höher der Frauenanteil ist, desto weniger ausgeprägt ist das geschlechterunsensible Verhalten. Auch wenn sich dies nicht generalisieren lässt, haben Männer in reinen Männergruppen weniger Feinfühligkeit.

Wo müssten aus Ihrer Sicht Massnahmen ansetzen, um vermehrt Frauen für technische Studiengänge und Berufe zu gewinnen?
CHRISTENER: Eine interessante, aber schwierige Frage. Heute werden von der Gesellschaft oft noch unbewusst traditionelle Rollenbilder gefördert, transportiert und zementiert. Ich denke, dass die Beeinflussung und Prägung der Kinder sehr früh, d.h. im Elternhaus, im Vorschulalter und der Schulzeit, stattfindet. In der zweiten Hälfte der Schulzeit leben die Mädchen und Knaben bereits in einem gegebenen Rollenverständnis. Eine der wichtigsten Massnahmen ist deshalb das Einbinden der Lehrkräfte vom Kindergarten über die Primarschulzeit bis zur Berufswahlphase. In der Volksschule muss eine Offenheit geschaffen werden, indem das bisherige Rollenverhalten reflektiert und Angebote zu einer geschlechtergerechteren Grundbildung bereitgestellt werden. Mein Wunsch wäre, in zwei Richtungen anzusetzen: erstens hinsichtlich Mädchen- und Knabenbildung und zweitens Richtung Technik und Nichttechnik. Heutige Befragungen zeigen, dass diese beiden Kategorien stark korrelieren. Hier wäre anzusetzen mit Projekten, welche unseren Kindern und Jugendlichen die Technik und die Geisteswissenschaften möglichst ohne rollenspezifische Prägung näherbringen.

Gibt es an Ihrer Hochschule entsprechende Massnahmen?
CHRISTENER: In diese Richtung geht eines unserer Projekte zur Förderung der Technikbegeisterung für Jugendliche, das wir zusammen mit der Pädagogischen Hochschule initiiert haben. Weil sich Kinder aus technikfremden Elternhäusern kein konkretes Bild über die Ingenieurarbeit machen können und auch die Lehrkräfte oft überfordert sind, wird ein Angebot erarbeitet, das Lehrkräften im Rahmen von Projektwochen zur Verfügung steht. Das von einer Stiftung mit 250'000 Franken finanzierte Projekt ist sicher eine gute Investition zur Förderung der Technikfreundlichkeit. In anderen Projekten versuchen wir, vermehrt Mädchen für die Technik zu gewinnen. So bieten wir für Schulen der Kantone Solothurn und Aargau jeweils eintägige technische Lernparcours für Primarschülerinnen an, wo sie an Arbeitsposten technische Themen spielerisch vertiefen können. Ein Projekt des Kantons Baselland mit dem Titel ‚choose it' fokussiert im Rahmen der Berufswahlwoche auf die zweite Sekundarklasse. Während eines halben Tages besuchen die Knaben klassische Frauenberufe, die Mädchen kommen zu uns und richten den Blick auf spezifische Männerberufe. Neu sind wir auch beim Ferienpass Brugg aktiv und schliesslich machen wir auch bei der FIRST LEGO League mit. Durch diese Projekte soll die Differenzierung in traditionelle Männer-

und Frauenberufe durchbrochen werden. Wir können aber nur gewinnen, wenn wir Mädchen für technische Berufe begeistern und Jugendliche generell ansprechen.

Welche Schwierigkeiten stellen sich aus Ihrer Erfahrung bei der Umsetzung solcher Massnahmen?
CHRISTENER: Massnahmen, die ‚von oben' angeordnet werden, stossen oft auf Ablehnung. Gerade für Projekte im Bereich von Gender-Fragen braucht es Mitarbeitende, die sich mit Herzblut und innerem Feuer engagieren. An der HST haben wir glücklicherweise einzelne Personen, die das überzeugt und sehr gut machen. Erstaunlicherweise ist es oft einfacher, finanzielle Unterstützung für konkrete Projekte z.B. von Privaten oder Stiftungen zu erhalten, als Studierende oder Mitarbeitende für die Projektmitarbeit zu gewinnen.
Schwierigkeiten bei Gender-Fragen tauchen immer wieder auf. Ich denke, dass Verantwortliche in Leitungspositionen oft weit weg sind vom Alltag der Mitarbeitenden oder Studierenden und deshalb einen Konflikt nicht frühzeitig orten können. Wünschenswert wäre deshalb, dass die Fachhochschule Nordwestschweiz ein niederschwelliges Beratungsangebot bereitstellen würde. Dabei wäre sicherzustellen, dass bei Fragen oder auftauchenden Problemen im Bereich von Geschlechterfragen eine vertrauliche Ansprechstelle samt praxistauglicher Beratung kontaktiert werden könnte.

Wo liegt aus Ihrer Sicht der Nutzen einer vermehrten Integration von Frauen in die Technik (Ausbildung, Beruf, technologische Entwicklung)?
CHRISTENER: Der Hauptnutzen ist das riesige Potenzial von Frauen, die in der Technik arbeiten könnten. Der Arbeitsmarkt fragt zunehmend nach technisch topausgebildeten Leuten. Der Fortschritt ist Alltag, selbst der Dienstleistungsbereich ist heute von der Technik dominiert. Wegen der grossen Nachfrage sind Ingenieurinnen und Ingenieure gesuchte Leute. Wenn sich vermehrt Frauen in diese Berufe hineinwagen und Toppositionen besetzen, kann das Marktpotenzial viel besser ausgeschöpft werden.
Dass der spezielle Blickwinkel von Frauen zu mehr Innovation in der Technik führt, kann ich nicht bestätigen. Die Physik oder die Mechanik etwa folgen Naturgesetzen, da spielt die Kategorie Geschlecht keine Rolle. Eine grosse Chance aber sehe ich darin, dass wir das kreative Potenzial der Frauen besser ausschöpfen. In unseren Projekten stellen Mädchen oft erstaunt fest, wie kreativ die Technik sein kann. Das weibliche Flair für

kreative Tätigkeiten könnte zusammen mit den Kompetenzen der Frauen auf der Beziehungsebene durchaus positive Effekte auf die Ingenieurwissenschaften haben. Häufig nehme ich wahr, dass in geschlechtergemischten Gruppen – beispielsweise bei Verhandlungen mit einem Auftraggeber oder bei internen Besprechungen – eine andere Atmosphäre herrscht als in reinen Männergruppen. Das gilt auch für die Direktion der FHNW, wo Frauen und Männer oft unterschiedlich argumentieren. Ein guter Mix von Frauen und Männern auf allen Ebenen ist deshalb aus meiner Sicht eine Bereicherung für die ganze Hochschullandschaft.

Zur Person

Jürg Christener (1959) besuchte die Schulen in Bern-Bümpliz, schloss 1984 sein Studium als dipl. Ing. ETH ab und arbeitete während zwei Jahren als Assistent an der ETHZ. Nach einer kurzen Tätigkeit bei der Swissair AG arbeitete er 1987–1995 als Entwicklungsingenieur bei der Firma Zellweger Energie AG in Fehraltdorf. Ab 1995 wirkte er in verschiedenen Funktionen der Fachhochschule Solothurn, Nordwestschweiz, zunächst vier Jahre als Dozent und 1999–2002 als Direktor und Leiter Technik und Forschung. 2002–2003 amtete er als Vizepräsident Forschung und 2004–2005 als Direktor Departement Technik der Fachhochschule Aargau, Nordwestschweiz. Seit Januar 2006 ist er Direktor Hochschule für Technik (HST) der Fachhochschule Nordwestschweiz (FHNW).

Jürg Christener ist verheiratet, Vater von zwei Söhnen und lebt mit seiner Familie in Uster. Seine Freizeit verbringt er mit handwerklicher Tätigkeit, am Steuer eines Doppeldeckers, beim Sport und mit der Familie.

Studienabbruchtypen in den Ingenieurwissenschaften

ANDREA WOLFFRAM, WIBKE DERBOVEN UND GABRIELE WINKER

Im Folgenden werden die zentralen Ergebnisse einer qualitativen Studie vorgestellt, die 2006 an zehn grossen Technischen Universitäten in Deutschland durchgeführt wurde.[1] Insgesamt wurden dreissig episodische Interviews mit Studienabbrecherinnen und zehn Interviews mit Studienabbrechern als Kontrollgruppe aus den Ingenieurwissenschaften durchgeführt. Ziel der Studie war die Entwicklung einer gender-sensitiven Typologie des Studienabbruchs sowie die Ermittlung von studienabbruchrelevanten sowie bindungsstiftenden Studienerlebnissen.

Um zu einer gender-sensitiven Typologie des Studienabbruchs in den Ingenieurwissenschaften zu gelangen, wurde von allen durchgeführten Interviews eine Einzelfallanalyse angefertigt. Diese Einzelfallanalysen beginnen mit einer Synopse des jeweiligen Interviews, die die Erzählpassagen entlang der Zeitachse Studienanfang – Studienverlauf – Studierende stark verdichtet zusammenfasst. Anschliessend werden mittels eines Fragebogens[2] erhobene studienrelevante Personenmerkmale wie insbesondere Technikhaltung, Schul- sowie Studienleistung, Studienintention, fachliches Zutrauen und Lernstil festgehalten. Es folgt die Ermittlung der individuellen Konflikt- und Bindungserlebnisse, die mittels der Kernsatzmethode[3] in Kombination mit der Repertory-Grid-Methode[4] gewonnen werden. Auf der Basis dieser Konflikt- und Bindungserlebnisse und von deren Gewichtung anhand des von den Interviewten genannten zentralen Abbruchgrundes und der im Repertory-Grid erhobenen individuellen Bewertungsdimensionen wird anschliessend eine Typisierung vorgenommen. Abschliessend werden die charakteristischen Beschreibungen des Ingenieurstudiums, die in den erzählten Konfliktsituationen implizit enthalten sind, festgehalten. Als ein Ergebnis dieser Analysen konnten

---

1 Die qualitative Studie ist Teil eines vom deutschen Bundesministeriums für Bildung und Wissenschaft geförderten Projektes (FKZ: 01 FP 0508): ‚Studienabbruch von Frauen in den Ingenieurwissenschaften – Analyse Studienabbruch relevanter Studienerlebnisse zur Exploration von Ansatzpunkten zur Erhöhung der Bindungskräfte technischer Studiengänge', Laufzeit: 01.12.2005 bis 31.07.2008.
2 Im Anschluss an die Interviews füllten die Befragten einen Fragebogen zu wichtigen Personenmerkmalen aus und erstellten ein Repertory-Grid (vgl. Fussnote 4) über ihre zentralen Erlebnisse.
3 Vgl. Leithäuser/Volmerg 1988.
4 Vgl. Kelly 1991.

fünf Studienabbruchtypen bestimmt werden, die nachfolgend beschrieben sind.

Typ 1: „Ich weiss nicht, wie man hier verstehen kann."

Typ 1a: „Ich weiss nicht, wie man hier Theorie verstehen kann."

Dieser Studienabbruchtyp hat Probleme, sich die abstrakten theoretischen Anteile des Studiums so anzueignen, dass es ausreicht, um die Prüfungen zu bestehen. Er hat das Gefühl, die Formeln nicht verstehen und auch nicht anwenden zu können. Seine Studienleistungen sind dementsprechend schlecht. Diese Studierenden bringen oft viel technisches Vorwissen ins Studium mit, können sich aber in der Welt der mathematischen Abstraktionen nur schwer zurechtfinden. Um die Klausuren zu bestehen, bräuchten diese Studierenden eine weniger abstrakte Lernwelt, also eine Verknüpfung der Formeln mit Vorstellungen, Anschauungen und Beispielen. Zu diesem Studienabbruchtyp scheinen deutlich mehr Männer als Frauen zu gehören.

Typ 1b: „Ich weiss nicht, wie man hier Technik verstehen kann."

„Man hört nur die Hintergründe zu technischen Dingen, die man noch nicht mal kennt", ist der zentrale Kernsatz von Studierenden dieses Typs. Diese Studierenden blicken auf gute schulische Leistungen zurück und haben tendenziell nur geringe technische Vorerfahrungen. Sie bringen aber ein sehr grosses Interesse an Technik mit. Ihr Zutrauen, ein technisches Studium erfolgreich absolvieren zu können, begründet sich in ihren Schulleistungen. Zentral ist der Wunsch, technische Phänomene und Artefakte verstehen zu können, da sie insbesondere im Alltag eine so wichtige Rolle einnehmen. Die Universität vermittelt jedoch hauptsächlich mathematische Grundlagen und kaum technische Konzepte und Überblickswissen. Die Studierenden können sich kein ausreichendes Bild von den Funktionsweisen technischer Phänomene und Geräte machen und leiden unter diesem Gefühl des Nichtverstehens von Technik. Trotz meist guter Noten vermögen sie es nicht, ein berufsbezogenes Selbstvertrauen zu entwickeln. Sie leiden unter dem permanenten Gefühl eines grundlegenden Unverständnisses von ihrem Studienfach und brechen trotz guter Studienleistungen das Studium ab. Unsere Annahme[5], dass

---

[5] Studien zu Studentinnen in den Ingenieurwissenschaften weisen jedoch mehrheitlich nach, dass Ingenieurstudentinnen im Vergleich zu ihren Kommilitonen signifikant bessere Abiturnoten haben, aber auch geringere technische Vorerfahrungen (vgl. u.a. Winker/Wolffram 2005: 161 174, und Wolffram 2003).

hier mehr Frauen als Männer zu finden sind, kann allerdings durch unser Sample zunächst nicht bestätigt werden.

Typ 2: „Ich weiss nicht, wozu ich den Lernstoff brauche."

Bei diesem Studienabbruchtyp besteht der zentrale Konflikt in den Studieninhalten. Die Universität vermittelt allgemeine Grundlagen des Ingenieurwesens. Die Studierenden dieses Typs erwarten jedoch vom Studium, dass sie unmittelbar berufsrelevante Studieninhalte vermittelt bekommen. Es handelt sich hier in erster Linie um Studierende, die eine konkrete Vorstellung von ihrem späteren Beruf haben. Bei diesem Typ, zu dem in unserem Sample relativ mehr Männer als Frauen zählen, könnte der grundlegende Kernsatz lauten: „Ich weiss nicht, wozu ich das hier brauche." Diese Studierenden bringen in der Regel nicht so gute Schulnoten mit ins Studium und sehen es nicht ein, sich für etwas sehr anstrengen zu müssen, was sie ihrer Meinung nach im Beruf gar nicht brauchen. Um ihre Anstrengungsbereitschaft entfalten zu können, bräuchten sie entweder überdurchschnittlichen Erfolg, um den fragwürdigen Nutzen des Lernstoffs zu kompensieren, oder berufsrelevanten Lernstoff.

Typ 3: „Ich weiss nicht, wie Studieren geht."

Bei diesem Studienabbruchtyp findet sich ein zentraler Konflikt in der Studierlogik. Die Universität verlangt ein eigenständiges, selbst organisiertes Lernen von den Studierenden. Die Studierenden greifen jedoch auf ihre Lernerfahrungen aus der Schulzeit zurück, die stark durch die LehrerInnen strukturiert waren. Sie vermissen die Einforderung von Lerndisziplin und können ohne Zwang nicht kontinuierlich lernen. Das Ingenieurstudium, das zu einem sehr grossen Anteil aus Eigenstudium besteht, ist jedoch mit dieser Lernstrategie nicht zu bewältigen. Mit der Lernumstellung überfordert, scheitern diese Studierenden in den Prüfungen, obwohl sie teilweise kognitiv das Leistungsvermögen für ein Ingenieurstudium mitbringen. Dementsprechend lautet der Kernsatz dieses Studienabbruchtyps: „Ich weiss nicht, wie Studieren geht." Die Studienleistungen dieses Typs sind eher schlecht. Um ihre Leistungen entfalten zu können, brauchen diese Studierenden eine fördernde, unterstützende und zugleich strukturierte Lernatmosphäre. Bei diesem Typ scheint die Verteilung zwischen den Geschlechtern ausgewogen zu sein.

Typ 4: „Ich weiss nicht, wie ich mich integrieren kann."

Typ 4a: „Ich weiss nicht, wie ich mich als nicht typischer Ingenieurstudent integrieren kann."

Der zentrale Konflikt von Studierenden dieses Typs besteht in einer im Vergleich zum Feld unpassenden Identität (zum Beispiel eine von der Mehrheit abweichende politische oder kulturelle Identität, Bildungsbiografie oder ein von der Mehrheit abweichendes Alter). Sie fühlen sich anders als ihre Kommilitoninnen bzw. Kommilitonen, haben andere Werte und Interessen und können kein Gefühl der Zugehörigkeit entwickeln. In der Regel haben diese Studierenden eher wenig technisches Vorwissen. Oft empfinden sie sich als ausgegrenzt. Die soziale Ausgrenzung in einem ingenieurwissenschaftlichen Studiengang ist jedoch besonders schwerwiegend, weil dies zugleich für die meisten eine fachliche Ausgrenzung bedeutet. Denn die gegenseitige fachliche Unterstützung unter den Studierenden ist nahezu der einzige Weg, um bestimmte Prüfungen bestehen zu können. Dieser Typ hat es aber besonders schwer, eine passende Lerngruppe zu finden, und ist gezwungen, sich den Stoff alleine zu erarbeiten. Um gegenseitige Vorurteile abbauen und Gemeinsamkeiten entdecken zu können, bräuchten die Studierenden dieses Typs mehr formelle Kontaktmöglichkeiten zu ihren KommilitonInnen. Informelle Konträume tragen meist wenig zur Integration bei.

Typ 4b: „Ich weiss nicht, wie ich mich als Frau integrieren kann."

Insbesondere Frauen mit einer sehr femininen Geschlechtsidentität fühlen sich von ihren Kommilitonen und auch Kommilitoninnen ausgegrenzt. Mit femininer Geschlechtsidentität bezeichnen wir hier Frauen, die grossen Wert auf ein gepflegtes weibliches Erscheinungsbild legen, d.h. vor allem geschminkt sind und sich modern kleiden, und die für Männer begehrenswert sein möchten. Es ist in diesem Zusammenhang bemerkenswert, dass die Frauen aus unserem Sample, die diesem Typ angehören, ihre kulturellen Wurzeln vorrangig in Südosteuropa haben. Von Freundinnen aus ihrer Heimat haben sie sehr positive Erfahrungen mit dem Ingenieurstudium erzählt bekommen. Da sie entsprechend Gutes auch von einem Ingenieurstudium in Deutschland erwarteten, haben sich diese Frauen für ein technisches Studium entschieden. Im Gegensatz zu den Frauen der anderen Studienabbruchtypen weisen diese Frauen jedoch nur durchschnittliche Schulleistungen auf, haben kaum technische Vorerfahrungen, und ihr Interesse an Technik ist sehr unspezifisch. Umso bemerkenswerter ist ebenfalls, dass diese Frauen ein hohes generelles Zutrauen in ihre Leistungsfähigkeit haben, ein ingenieurwissenschaftliches Studium erfolgreich zu absolvieren. Jedoch machen sie gleich zu Anfang des Studiums die Erfahrung, dass sie sich von den anderen Studentinnen äusserlich sehr unterscheiden. Der Kernsatz dieses Typs lautet dementsprechend: „Ich sehe völlig anders aus als die anderen Frauen; sie sehen alle ein bisschen wie die Jungen aus." Dieser Unterschied im äusserlichen Erscheinungsbild führt zur sozialen Ausgrenzung. Im Fall der beiden Frauen aus unserem Sample, die diesem Typ zugerechnet worden sind, bestand der zentrale Studienabbruchgrund dementsprechend primär in ihrer sozialen Exklusion.

Typ 5: „Ich leide unter meinen nur durchschnittlichen Noten."

Der Kernsatz verweist zugleich auf den zentralen Studienabbruchgrund dieses Typs. Studierende dieses Typs können dadurch charakterisiert werden, dass sie in der Schule in der Regel zu den guten SchülerInnen zählten. Das technische Vorwissen bei diesen Studierenden ist unterschiedlich, jedoch können sie eher nicht als die typischen Technik- und Computerfreaks beschrieben werden. Sie beziehen ihr Zutrauen, ein ingenieurwissenschaftliches Studium zu absolvieren, vor allem aus ihren sehr guten schulischen Leistungen. Die Intention für die Wahl des Ingenieurstudiums bestand primär darin, mit dieser Ausbildung einen angesehenen und sicheren Beruf ergreifen zu können. Während ihres Studiums haben sie dann jedoch – gemessen an den Zensuren aus der Schulzeit – nur mittelmässige Noten in ihren Prüfungen erlangt. Im Grundstudium gibt es jedoch nur sehr wenige Studierende, die ihre Prüfungen mit Einsen oder Zweien bestehen. Der überwiegende Teil schafft es gerade so, die Prüfungen im Grundstudium zu bestehen. Studierende dieses Typs schaffen es jedoch nicht, ihre faktischen Noten am vorherrschenden Notendurchschnitt zu relativieren. Sie entschliessen sich zum Studienabbruch, weil sie es nicht ertragen können, schlechte Noten zu haben. Sie befürchten, mit ihren schlechten Noten später keinen Berufseinstieg zu finden, und dementsprechend niedrig ist ihr berufsbezogenes Selbstvertrauen. Sie sind zur Entwicklung einer tragfähigen Berufsidentität auf gute Leistungsbeurteilungen angewiesen. Unsere Annahme, dass diesem Typ mehr Frauen als Männer angehören, weil Frauen schlechte Leistungen häufiger ihrer mangelnden Befähigung zuschreiben, während Männer dafür eher äussere Umstände verantwortlich machen,[6] lässt sich allerdings zunächst in unserem Sample nicht wiederfinden.

---

6   Vgl. z.B. Curdes et al. 2003: 3 17.

Schlussfolgerungen

Die Kernkonflikte der jeweiligen Studienabbruchtypen verweisen auf spezifische strukturelle Merkmale der Ingenieurwissenschaften, die Studienabbrüche begünstigen. Diese werden abschliessend diskutiert.

Im Hinblick auf die Studieninhalte ist für ingenieurwissenschaftliche Studiengänge die starke Trennung zwischen theorie- und anwendungsorientierten Lerninhalten in Grund- und Hauptstudium insbesondere an Universitäten charakteristisch. Erst im Hauptstudium haben die Studierenden zumeist stärker die Möglichkeit, diese Grundkenntnisse auf konkrete Anwendungen zu beziehen. Hier sind aus Perspektive der Zielgruppe Studentinnen vor allem solche betroffen, die dem Typ „Ich weiss nicht, wie man hier Technik verstehen kann" zugeordnet werden können, da sie durch diese Trennung im Studium keinen Zugang zur Technik finden und damit keine Fachidentität entwickeln können. Praktische Übungen, aber auch bereits das Anschauen von technischen Geräten sowie das Deutlichmachen der Bezüge zwischen den einzelnen Fächern wurden von den Befragten bereits als bindungsstiftend erlebt.

Bezüglich der Studienvoraussetzungen und der Stoffvermittlung besteht eine weitere Charakteristik des Ingenieurstudiums darin, dass ein breites Vorwissen hinsichtlich mathematischer und technischer Kenntnisse implizit vorausgesetzt wird und Lehrende sich zumeist an den Studierenden orientieren, die dieses Wissen mitbringen. Das tatsächlich notwendige Vorwissen für ein Ingenieurstudium wurde bislang in den Informationsmaterialien zu den Studiengängen nicht ausreichend expliziert. Diese verdeckten Zugangsvoraussetzungen sind wiederum besonders problematisch für den Studienabbruchtyp „Ich weiss nicht, wie man hier (Technik) verstehen kann." Die Studierenden schaffen es entweder aufgrund der fehlenden technisch-praktischen Vorkenntnisse nicht, ein Verständnis für technische Funktionsweisen zu entwickeln und damit die notwendige technisch-praktische Fachidentität zu den Ingenieurwissenschaften auszubilden. Oder aber den Studierenden gelingt es aufgrund nicht ausreichender vor allem mathematischer Grundkenntnisse nicht, den Anschluss in den theoretischen Vorlesungen zu bewerkstelligen und damit eine technisch-theoretische Fachidentität zu entwickeln. Eine Konsequenz dieser ‚verdeckten' Praktik ist zudem, dass Studierende mit sehr unterschiedlichem Vorwissen und entsprechend diversen Bedürfnissen das Studium beginnen; dies aber sollte bei der Gestaltung technischer Studiengänge berücksichtigt werden.

Mit Bezug auf die Leistungsbewertung von Studierenden ist wesentlich, dass die ersten Semester im Ingenieurstudium auf Selektion der Studierenden ausgerichtet sind, da bislang Aufnahmetests oder Numerus clausus an den technischen Hochschulen weitgehend fehlten. Kennzeichnend für den Selektionsprozess sind hohe Durchfallquoten in Prüfungen, die sich durch einen hohen Schwierigkeitsgrad auszeichnen. Ein ingenieurwissenschaftlicher Abschluss wird somit nur an Studierende verliehen, die entweder sehr begabt in naturwissenschaftlich-technischen Fächern sind oder die sich durch sehr zeitintensives Arbeiten breite Grundlagenkenntnisse aneignen. Von diesem besonders strengen Selektionsprozess negativ betroffen sind Frauen wie Männer gleichermassen, die die hohen fachlichen Anforderungen zumindest mit als grundlegenden Studienabbruchgrund benennen. Jedoch ist vor allem der Studienabbruchtyp „Ich leide unter meinen nur durchschnittlichen Noten" in tragischer Weise betroffen. Dieser Typ vermag es nicht, seine gemessen an den Schulnoten eher schlechten Noten am durchschnittlichen Notendurchschnitt des Studiengangs zu relativieren. StudienabbrecherInnen dieses Typs scheitern somit vor allem an der Anforderung, sich hinsichtlich der eigenen Leistungen im Leistungskontext des Studiums richtig zu verorten, was zugleich bedeutet, die verborgenen Regeln im Ingenieurstudium, d.h. die akzeptierten Leistungsstandards und -strategien, zu erlernen. Dem gegenüber stehen als bindungsstiftende Situationen gute Noten in Klausuren und anderen Prüfungssituationen, aus denen sie fachliche Bestätigung erhalten.

Bezüglich der Betreuung und der Lernbedingungen von Studierenden ist der Kontext der ‚Massenuniversität' wesentlich, aus dem sich spezifische Anforderungen an Lehrende und Studierende ergeben. Es fehlen vor allem Kapazitäten bei der Betreuung, Unterstützung und Beratung der Studierenden sowohl in inhaltlichen und lerndisziplinarischen Belangen sowie in Fragen der individuellen Studienplanung. Dies hat negative Folgen für die Lernkultur in den Ingenieurwissenschaften. Fachliche Hilfe und Unterstützung bekommen die Studierenden meist nur von den Kommilitoninnen bzw. Kommilitonen. Dasselbe gilt für das Einhalten von Lerndisziplin. Für viele Studierende sind die Verabredungen mit der Lerngruppe das einzige Mittel, um Lernkontinuität zu gewährleisten. Zudem stossen die Studierenden, wenn sie alleine lernen, oftmals an ihre kognitiven Grenzen. Studierende sind somit auf das Lernen in Lerngruppen angewiesen, aber sie bekommen vonseiten der Hochschule kaum Unterstützung bei der Organisation von Lerngruppen. Die Abhängigkeit von der gegenseitigen Unterstützung unter KommilitonInnen und die

Notwendigkeit der Selbstorganisation von Lerngruppen haben zur Folge, dass Studierende, die sozial ausgeschlossen sind, zugleich auch fachlich ausgeschlossen sind. Von dieser Charakteristik ist besonders der Studienabbruchtyp „Ich weiss nicht, wie ich mich integrieren kann" negativ betroffen. Menschen, deren Identität von der ‚Mainstream'-Identität eines Feldes abweicht, haben es schwer, sich sozial zu integrieren. In der Studie wurde deutlich, dass das ingenieurwissenschaftliche Studium gegenüber einer betont weiblichen Geschlechtsidentität ambivalent und in mehrfacher Weise geschlossen ist. Zumindest die fachliche Exklusion von Studierenden, die sozial nicht integriert werden, könnte abgemildert werden durch eine stärkere fachliche Unterstützung durch den Lehrkörper, durch fachliche Hotlines und virtuelle Studierenden-*Communities*.

Die genannten Charakteristika sind zentrale Bestandteile der Fachkultur des Ingenieurwesens, die einen ganz grundsätzlichen Teil des Problems darstellt, warum viele junge Frauen (und auch viele junge Männer) das Studium zumeist noch im Grundstudium wieder verlassen. Es weist vieles darauf hin, dass geeignete und wirkungsvolle Interventionen an den Grundfesten dieser Fachkultur rütteln müssen, um das Ingenieurstudium für vielseitig interessierte Frauen und Männer zu öffnen.

Managing Gender und Kulturwandel in der Praxis: Perspektiven einer Gleichstellungsbeauftragten

Ursula Meyerhofer

Die Umsetzung des gesetzlichen Auftrages der tatsächlichen Gleichstellung von Männern und Frauen hat – wie andere neuere Berufe auch – einen Professionalisierungsschub durchgemacht: Begann die Pionierzeit im Verlauf der 80er-Jahre mit gezielten Projekten der Frauenbeauftragten, so hat sich heute das Dossier gewandelt: Adressatinnen und Adressaten sind beide Geschlechter je nach Ungleichverteilung und Bedeutung des Themas im Arbeitsprozess oder in der gesellschaftlichen Situation. Begrifflich variiert das Feld von ‚Chancengleichheit' zu ‚Gleichstellung', in der Privatwirtschaft erweitert um ‚*Diversity*'. Verschiedentlich sind auch Männer mit der Aufgabe der Gleichstellung der Geschlechter betraut.

In der Schweiz wurden Gleichstellungsbeauftragte an Hochschulen vereinzelt im Verlaufe der 90er-Jahre institutionalisiert; Eigentlicher Anschub war das Anreizprogramm Chancengleichheit des Bundes, das 2000 startete, um die damals europaweit sehr niedrigen Quoten von Frauen innerhalb der Professuren bzw. unter Dozierenden zu erhöhen.[1]

> **Exkurs:** **Internationale Perspektive auf die Gleichstellung der Geschlechter**
> In angloamerikanischen Ländern sind die Anteile von Frauen in höheren Positionen höher als in der Schweiz; dafür sind – auch – die Klagemöglichkeit wegen Diskriminierung, aber auch ein anderes Gesellschafts- und Geschlechterrollenverständnis verantwortlich. In den USA profitierte die Frauenbewegung der 70er-Jahre von der Bürgerrechtsbewegung der 60er-Jahre; eine Verrechtlichung von Gleichstellung wird auch durch das andersartige Rechtssystem begünstigt. Im Zuge einer *Affirmative-Action*-Politik wurde der Zugang von Minderheiten, zu denen Schwarze, Frauen und Spanisch- sowie Asienstämmige gehören, an Schulen und Hochschulen gefördert. In einigen Staaten wurden zwar inzwischen *Affirmative-Action*-Programme wieder

---

[1] Im Jahr 2000 betrug die Rate der Professorinnen an den Schweizer Universitäten 8,5% und an den Fachhochschulen 20% (Schnitt über alle Disziplinen). Im Jahr 2006 betrug die Quote der Professorinnen an den Universitäten 13,5% und an den Fachhochschulen 31% (Bundesamt für Statistik, Stand Juni 2007).

> eingestellt; die gezielte Lancierung von Diversity-Anliegen auch mit Fokus auf Frauen findet jedoch nach wie vor statt und ist Teil eines selbstverständlichen und umfangreichen Personal-*Controllings* von ‚Minderheiten'-Vertretungen in Organisationen und Unternehmen.
> In der Europäischen Union existieren seit Kurzem Richtlinien gegen Diskriminierung, deren Effekte noch unklar sind. Im deutschsprachigen Raum ist die Situation, was die Vertretung der Geschlechter in der Gesellschaft betrifft, derjenigen in der Schweiz vergleichbar. Vorbehalte sind gegenüber schnellen Vergleichen zwischen Ländern und der Vertretung von Frauen in einzelnen Berufsgattungen zu machen: Oft sind die Zugangsvoraussetzungen bzw. die Anforderungen in der Berufspraxis unterschiedlich (z.B. der Informatikberuf in Italien) oder hier hoch bezahlte Positionen in anderen Ländern wesentlich geringer entlöhnt (besonders evident bei Hochschulprofessuren). Innerhalb Europas gelten die skandinavischen Länder als Vorbilder, was die Massnahmen und Resultate zur Gleichstellung der Geschlechter angeht.

Einordnung der Funktion

In Organisationen privater wie öffentlicher Art ist das Mandat ‚Gleichstellung' in der Regel nahe beim obersten Management oder bei den Human Resources positioniert. Dies entspricht dem Prinzip des *Gender Mainstreaming*, wie es 1999 in der EU als Standard beschlossen wurde. Die Beachtung von Gender als Analysekategorie und als Qualitätskriterium ist mittlerweile in Unternehmungen und in Verwaltungen nicht mehr wegzudenken. Hintergrund dieser Entwicklung ist eine gesetzliche Verankerung, die dem Thema Geschlecht in der Gesellschaft zu Nachachtung verholfen hat (vgl. Artikel 8, Bundesverfassung).

> Exkurs: *Diversity* in der privaten Unternehmenswelt
> Anders als in Hochschulen und in der öffentlichen Verwaltung stehen in privaten Unternehmungen mit globalem Markt die Ausschöpfung von menschlichen Ressourcen und die Marktdurchdringung im Vordergrund, sodass die Förderung des Potenzials von Frauen und die Verhinderung von Diskriminierungen anderer Mitarbeitendengruppen (wie aufgrund Herkunft, sexueller Orientierung, Alter) allein schon

> aus Wettbewerbsgründen ein zentrales Anliegen sind. Gleichstellungsbeauftragte heissen deshalb hier schon länger *Diversity Manager* und die *Diversity*-Aktivitäten werden von ausdrücklichem *Commitment* durch das Topmanagement getragen.
> Ob und wie der Ansatz *Diversity* Management auch an Hochschulen Akzeptanz findet, ist noch unklar. Für den öffentlichen Verwaltungs- und Ausbildungsbereich wird der Aspekt Chancengleichheit Vorrang vor der Marktorientierung haben.[2]

Trotz der besseren Beachtung des Faktors Geschlecht in der Arbeitswelt erfordert die Umsetzung des Auftrages Gleichstellung im Alltag immer noch einen langen Atem: Das Thema erregt Widerspruch; die persönliche Meinung ist herausgefordert. Mit der Gleichstellung der Geschlechter ist die eigene Lebenswahl thematisiert, sodass sich fast zwangsläufig eine persönliche Betroffenheit ergibt: Es kommt zu Verteidigungsreden, der subjektiven Einordnung des Themas, zur anekdotenhaften Schilderung eigener Erfahrungen zum Thema und anderem mehr. Kurz: Das Thema spricht jeden und jede ganz persönlich an.

Praxisbeispiel:

> **Perspektivenwechsel**
> Manchmal braucht es perplexe Zugänge, um ein Erkennen eines Gleichstellungsthemas zu ermöglichen, wie die Kampagne eines Gleichstellungsbüros, das die Aussage plakatierte: „Stellen Sie sich vor, 6% der Professorinnen sind Männer."
> Für einen Studenten in einem Chemie-Studiengang ist es ‚normal', dass nur eine Studentin im Lehrgang vertreten ist. Häufig berichten Männer, die erstmals an Versammlungen oder Tagungen zu Gleichstellungsthemen teilnehmen und den Minderheitenstatus erleben, von einem neuen Erlebnis, für einmal der einzige Vertreter ihres Geschlechtes gewesen zu sein (Gespräch im Oktober 2007).

Als ein von aussen auf die Agenda gesetztes Thema provoziert der Auftrag der Gleichstellung der Geschlechter, entstammt er doch einem politischen Willen, dem Anliegen Nachachtung zu verschaffen. Auch

---

2 Vgl. zu Diversity in der Privatwirtschaft www.novartis.ch/careers/working-at-novartis/diversity.shtml.

bedeutet Geschlechtersensibilität, eigene Handlungsweisen transparent machen und gegebenenfalls reglementarische Vorgaben berücksichtigen zu müssen; das ist unbequem und stört den gewohnten Ablauf der Dinge. Der eingeforderte Einbezug von ‚Gender-Themen' in die Lehre oder in Abläufe stösst zudem häufig auf Ablehnung aus qualitätssichernden Gründen: Das Profil eines Angebotes ändern zu müssen, geschlechtergerecht auszurichten, wird als Qualitätsfalle betrachtet. Dem gegenüber steht jedoch die Tatsache, dass eine Neukonzipierung von Studiengängen, in denen z.B. wenig Frauen sind, zu einer Erhöhung der Zahl weiblicher Studierender führt. Oft sind es gerade neu entwickelte Instrumente, die nachhaltige Impulse für die ‚allgemeine' Innovation geben.

Faktenwissen:

> **Horizontale und vertikale Segregation**
> Die horizontale Segregation bezieht sich auf die unterschiedliche Vertretung von Frauen und Männern in Berufen oder in Fachdisziplinen. Unter vertikaler Segregation wird die sinkende Zahl von – in aller Regel – Frauen verstanden, je höher die Positionen in einer Organisation sind. Die Rede ist hier auch von einer Schere, die sich auftut: Sind Studierendenzahlen beim Studieneintritt gleich, so verläuft die Kurve hin zur Dozentur und führenden Position für Männer umgekehrt: Die Kurve steigt. Es verbleiben in den höheren Rängen schliesslich wesentlich weniger Frauen als beim Studiumsbeginn. Es ist aus der Forschung im Übrigen belegt, dass der Prozentsatz von Frauen in ‚oberen' Rängen nicht ‚automatisch' und proportional zur Anzahl an Studierenden ansteigt. Es braucht begleitende Massnahmen, die Strukturen ändern (z.B. die Thematisierung der Frage Vereinbarkeit von Familie und Beruf), wie auch Massnahmen, die Frauen gezielt ansprechen und ihr Potenzial sichtbar machen.

Die Arbeit eines/einer Gleichstellungsbeauftragten beinhaltet, Gründe für unterschiedliche Entwicklungen aufzuspüren und gezielte Massnahmen zusammen mit den Verantwortlichen vorzuschlagen, umzusetzen und die Zielerreichung kritisch zu beobachten. Die Aufgabe kommt einem Kulturwandel in einer Organisation gleich und erfordert entsprechend viel Zeit und langfristige Orientierung.[3]

---

3 Eine Diskussion an der zweijährlich stattfindenden europäischen Konferenz ‚Gender in Higher Education' (GEHE) brachte im Sommer 2007 in Berlin zutage, dass Absolvierende von Gender-Studies-Studiengängen vor allem wegen ihres ‚Change-Management-Wissens' im Arbeitsmarkt nachgefragt werden.

Fakten zur Ungleichheit

Gleichstellungsbeauftragte müssen das Wissen haben, wie unterschiedliche Erfahrungshintergründe, Geprägtheiten und Stereotypen zum Thema Geschlechter in der Gesellschaft und besonders ihrer Organisation wirken. Sie beherrschen den theoretischen Hintergrund, wie die Annahmen von *Sex* als biologischem und *Gender* als sozialem Geschlecht zustande kommen. Die Auffassungen, wie eine Frau oder ein Mann zu sein haben, sind historisch gewachsen und – je nach gesellschaftlichem Zustand – unterschiedlich zuschreibbar. Die Forschung zu *Gender* zeigt auf, wie Geschlechtertypisierungen und Verhaltenszuschreibungen entstehen und sich wandeln. So war es in den 50er-Jahren noch üblich, dass eine Frau für eine Erwerbstätigkeit in der Ehe die Erlaubnis ihres Ehemannes brauchte. Geändert wurde diese Grundlage erst mit dem neuen Ehegesetz von 1992.

Theorie:
> **Was heisst Chancengleichheit der Geschlechter?**
> **Gleichheitsansatz:** Mit diesem Ansatz ist die Gleichbehandlung gemeint; es gilt darauf zu achten, dass z.B. die Wahrnehmung von Leistung der beiden Geschlechter gleich ist, dass Zugangsbedingungen gleich sind.[4] Möglichkeiten dazu können sein, z.B. Bewerbungsverfahren und -fragen zu systematisieren, um zu vermeiden, dass durch suggestive Gesprächsführung Einseitigkeiten in der Beurteilung zum Tragen kommen. Ein anderes Instrument ist darauf ausgerichtet, bei der Ausschreibung von Studiengängen oder Stellen beide Geschlechter gleich anzusprechen, wozu auch die verwendete Bildsprache gehört.
> **Differenzansatz:** Hier wird versucht, spezifisch auf ein Geschlecht bezogene Massnahmen durchzuführen. Aus der Unterrichtsforschung ist z.B. bekannt, dass monoedukativer Unterricht von Mädchen zu anderem Lernerfolg führt als koedukativer. Ein Nachteil kann sein, dass Frauen in der Folge als defizitbehaftet angesehen werden.
> **Dekonstruktion:** Damit ist die Ausformung von Geschlechterbildern gemeint, wie sie sich in Gesellschaften aufgrund gemeinsamer Werte ergeben. Aus ihnen erfolgt die Zuschreibung von ‚typisch' männ-

---

4 Wennerås und Wold zeigen, dass nur mit einer Anonymisierung von Forschungsanträgen vermieden werden kann, dass Frauen mehr Leistung abverlangt wird, um als ‚gleichwertig' zu gelten: Wennerås, Christine/Wold, Agnes (1997): Nepotism and Sexism in Peer-Review, in: Nature, No. 387, 22 May 1997, S. 341–343.

lich oder weiblich. Diese Zuschreibungen sind aber – wie man heute weiss – relativ. Es ist heute z.B. bekannt, dass in einzelnen Kulturen die Annahme eines ‚dritten Geschlechtes' existiert oder dass Männer im Frankreich des 18. Jahrhunderts weinen ‚durften'. Umgekehrt werden neuerdings Prüfergebnisse von Medikamenten auf spezifische Körperkonstitutionen von Männern wie Frauen sowie Kindern geprüft.

Die Zusammenführung eines Differenzansatzes als Anerkennung von Unterschiedlichkeit und ein neues integratives Gender-Verständnis können zur Reform von Curricula genutzt werden und haben das Potenzial, zu einem stärkeren Ausgleich der Geschlechter in den Lehrgängen beizutragen.

Zu beachten sind dabei zwei Ebenen:
- Aufmerksamkeit für Strukturen: Zahlen und Fakten bei der Repräsentation der Geschlechter;
- Integration des Aspektes Gender in den Lehrstoff, in die Didaktik, Förderung von Gender in der Forschung und Verbesserung eines förderlichen Klimas.

Zum Stand des Dialoges zwischen den Geschlechtern: Vgl. Hollstein 2004.
Vgl. Gender-Aspekte bei der Einführung und Akkreditierung gestufter Studiengänge – eine Handreichung.[5]
Vgl. Endbericht Gender in die Lehre, Technische Universität Wien.[6]

Im Alltag einer Gleichstellungsbeauftragten geht es darum, behauptetem Alltagswissen mit Fachwissen entgegenzutreten: z.B. der Ansicht entgegenzuwirken, dass junge Frauen sich nicht mehr gesellschaftlich diskriminiert fühlten, da bekannt ist, dass diese Einschätzung lebensphasenabhängig ist.[7]

---

5 Siehe http://www.cews.org/cews/cewspublik.php.
6 Siehe http://www.tuwien.ac.at/dienstleister/service/koordinationsstelle_fuer_frauenfoerderung_und_gender_studies/gender_in_der_lehre/.
7 Vgl. Welpe/Welpe 2003. Aufschlussreich ist hierzu das Kapitel ‚Familie, Liebe und Beruf', das männliche und weibliche Heiratsmotive sowie die Zufriedenheit in der Ehe untersucht und eklatant geschlechtsspezifische Erfahrungen und Lebenskonzepte zutage fördert.

Forschungs-
resultat:

> **Strukturelle Benachteiligung**
> Margit Osterloh, Professorin an der Universität Zürich, identifizierte in einer Befragung von Personalverantwortlichen ein generelles Vorurteil gegen Führungsfrauen. Sie fand heraus, dass die Personalverantwortlichen sowohl gering wie hoch qualifizierten Frauen einen familien-/gebärfähigkeitsbedingten Minderleistungsstatus unterstellten. Sie unterwarfen damit potenziell hoch motivierte, gut ausgebildete Führungsfrauen einem Vorurteil, das deren Marktchancen einschränkte. Den Verantwortlichen war ihr Verhalten nicht bewusst. (vgl. Osterloh/Wübker 1999).
> Facts zu Männern und Frauen in der Arbeit:
> ➢ Die Karrieren von Frauen entwickeln sich langsamer als diejenigen von Männern und stagnieren leichter.
> ➢ Männer sind am Arbeitsplatz besser integriert; die Arbeitszufriedenheit von Frauen nimmt mit der Zeit ab, diejenige von Männern zu.
> ➢ Erfolgreiche Frauen brauchen individuelle Gestaltungsmöglichkeiten bei der Arbeitsorganisation und Zeitsouveränität.
> ➢ Frauen mit Kindern sind gleich erfolgreich wie Frauen ohne Kinder.
> Aus: Arbeitswelt in Bewegung. Die Studie basiert auf einer Befragung von 9000 Personen in technischen und naturwissenschaftlichen Berufen.[8]

Der Befund, dass Frauen und Männer ein unterschiedliches Selbstkritikinstrumentarium anwenden und Mädchen defensiver und verletzter auf Erfolge wie Misserfolge reagieren, macht deutlich, dass die Leistungswahrnehmungsprozesse die Unterschiedlichkeit berücksichtigen müssen.[9]

Ebenso befand eine Studie, dass Männer sich mit 34 in einer Führungsposition sehen, die Frauen mit 49 Jahren. Beide Beispiele zeigen, dass gesellschaftliche Gegebenheiten die Geschlechter – sozusagen als Ge-

---

8   Siehe http://www.bmbf.de/pub/arbeitswelt_in_bewegung.pdf.
9   Im Rahmen der PISA-Studien wurden ungleiche Selbsteinschätzungen und Erwartungshaltungen festgestellt. Auch in anderen Untersuchungen sind solche geschlechtsspezifischen Befunde als sich nicht selber überwindendes ‚Selbstunterschätzungssyndrom' nachgewiesen worden. Ergänzend kann hier erwähnt werden, dass männliche Probanden eine ähnlich tiefere Selbsteinschätzung aufweisen und sogar geringere Leistungen erbringen, wenn sie vorher gezielt mit der eigenen angeblichen Unfähigkeit zur Lösung einer Aufgabe konfrontiert wurden.

schlechterschicksal – zu spezifischen Selbsteinschätzungen verleiten, die zu unterschiedlichen Startvorteilen führen.[10]

Empfehlenswerte Newsletters:	Zu Gleichstellungsthemen an Hochschulen im deutschsprachigen Raum: http://www.cews.org/cews/cewsnl.php Für die Schweiz: Newsletters zu Gender Equality und zu Gender Studies: http://www.gendercampus.ch/d/Calendar/05/default.aspx

Auch Männer probieren neue Wege: Junge Männer haben öfter als ältere das Bedürfnis, aktiv an der Erziehungsphase ihrer Kinder teilzunehmen; für sie stellt sich daher die Vereinbarkeitsfrage ebenso und kann mit Karriereeinschränkungen verknüpft sein (vgl. dazu Reuter et al. 2008).

Von den Einzelkulturen zur gemeinsamen Kultur

Geht man von der Gleichstellungsförderung als Kulturveränderung in einer Organisation aus, so erweist sich das Klima als Gradmesser dieser Kultur. Anliegen, die die Vertretung der beiden Geschlechter betreffen, sind oft erst auf den zweiten Blick erkennbar oder wirken sublim. Es ist deshalb umso wichtiger, mit den Akteurinnen und Akteuren der jeweiligen Organisation in Kontakt zu sein, um Befindlichkeiten und Handlungsoptionen zu erkennen.

Praxisbeispiel:	An einer Podiumsdiskussion über Laufbahnen an der ETH, an der jüngere etablierte und sich noch qualifizierende Wissenschaftlerinnen teilnahmen, sprach auch eine Doktorandin. Sie beschrieb ihren Forschungsalltag und liess erkennen, dass sich für sie nichts von ihren männlichen Kollegen unterscheiden würde und sie sich nicht diskriminiert fühlte. Am Ende der Gesprächsrunde kam sie darauf zu sprechen, dass die Männer (sie arbeitete als Einzige in einer männlichen Gruppe)

---

10 Gleiches auch anhand geschlechtsspezifischer Selbstvermarktungskompetenzen (vgl. Schneider 2007).

> regelmässig gemeinsam Ausflüge machten und sie nie eingeladen wäre. Dieses Statement kam überraschend und stellte einen Bruch zum vorher Gesagten dar.

Gleichstellungsarbeit findet im Rahmen und mit Unterstützung eines eigentlichen Fachdialoges statt, ist theoriegestützt und wird laufend via Debatten fortentwickelt. Im Alltag zählt jedoch nur, was konkret überzeugt und sich in Projekten bewähren kann. Gleichstellungswissen muss notwendig mit Übersetzungswissen einhergehen, denn die fachspezifischen Debatten zu Geschlechterthemen sowie Resultate aus den *Gender Studies* müssen mit dem individuellen Erfahrungsschatz von Akteurinnen und Akteuren rückgekoppelt werden.

Bei der Förderung von mehr Geschlechtergerechtigkeit an Hochschulen werden aus den erfolgten Feststellungen einer Gender-Analyse Projekte und Massnahmen abgeleitet; diese werden ergänzt um niederschwellige Beratungsangebote sowie die Förderung von Geschlechterforschung. Eine Schlüsselaktivität betrifft die systematische Förderung auf allen Stufen und in allen Bereichen des jeweils untervertretenen Geschlechtes (vgl. als Überblick: Welpe/Schmeck 2005).

Klima und Kultur:

> **‚Vollzeitnorm' und Chancengleichheit**
> „Männer und Frauen, die ihr Vollzeitpensum reduzieren, müssen mit einem ‚Karrieremoratorium' rechnen. Die Vollzeitnorm gilt für beide Geschlechter. Doch die Aushandlung eines Elternpaares, wer sich schwerpunktmässig der Berufsarbeit widmet und wer die Hauptverantwortung für die Kinderbetreuung übernimmt, gestaltet sich nur scheinbar individuell. Selbst bei gleicher Ausbildung und gleichem Einkommen wirkt die öffentliche Meinung stark in die traditionelle Richtung. Solange den Vätern die Erwerbsarbeit und den Müttern die Erziehung zugewiesen wird und solange die Lohngleichheit zwar gesetzlich verankert, aber in der Praxis längst noch nicht umgesetzt ist, kann sich das einzelne Paar diesem Druck nur schwer entziehen" (Streuli 2005: 17).

Eine bewährte Massnahme zur Förderung von Frauen in Führungspositionen ist *Mentoring*. Spezifische, auf Frauen ausgerichtete *Mentoring*-Programme erreichen seit Jahren, dass Frauen als Führungspersonal erkannt werden und sie sich als solches selbst zu erkennen geben. *Mentoring* zeigt jungen Frauen die noch raren Vorbilder im Beruf und macht so einer neuen Selbstsicht Platz („es ist machbar!"). Lebensweltliche Fragen können im vertraulichen Gespräch, und ohne sich eine Blösse geben zu müssen, mit der Mentorin oder dem Mentor geklärt werden. *Mentoring* nimmt eine zielgerichtete Förderung über einen informellen Rahmen und mit informellem organisationsbezogenem Wissenstransfer vor. Obwohl *Mentoring*-Programme zunehmend auch Männern offenstehen, bleiben Frauen die Hauptnachfragenden und profitieren davon am stärksten. Formelle *Mentoring*-Programmaktivitäten berücksichtigen die Studienresultate, wonach Männer mit Präferenz Männer fördern (,homosoziale Kooptation') und Frauen nur in geschlechtsblinden Auswahlverfahren keinen Nachteil erfahren *(Gender Bias)*.

Forschungsresultat:

Die ‚richtige' Mischung macht's
Aus der Sozialisationsforschung ist bekannt, dass im Allgemeinen eine Vertretung von 30% des untervertretenen Geschlechtes bzw. einer ‚Minderheit' darauf hinwirkt, dass die Kommunikationskultur und Zusammenarbeit ausgeglichen funktioniert. Weiter gehende Forschung befasst sich auch damit, welche Mischung verschiedener Partizipationsgruppen in Teams zu einem optimalen Arbeitsergebnis führen kann.

Argumente gegen Gender und Gleichstellung

Selbstverständlich gibt es eine Vielzahl von Ansichten, die dem Thema ‚Gleichstellung' kritisch gegenüberstehen. Im Alltag sind deshalb folgende Aussagen von Gesprächspartnerinnen und -partnern oft anzutreffen:
- Die Gleichstellung ist erreicht.
- Diversity ist der neue Leitbegriff.
- Frauen wollen gar keine Karriere machen.
- Es sind keine Frauen vorhanden.
- Junge Frauen fühlen sich nicht diskriminiert.
- Es gibt noch ganz andere (Gender-)Probleme.

Dennoch bleibt die Zugangsweise zur Welt über die zwei Geschlechter eine grundlegende Ordnungsstruktur in unserer Gesellschaft. Diese zeigt sich immer wieder in neuen Facetten und wird dann handlungsrelevant, wenn es um Verteilungs- und Chancengerechtigkeit in einem staatlich geregelten Raum geht. Das Spannungsfeld auch innerhalb der Geschlechter sowie Schnittstellen zu anderen Themen wie Alter und Herkunft erfordern Gespür, um der Komplexität Rechnung zu tragen und innovativen gesellschaftlichen Fortschritt zu erreichen.[11]

DVD: Viewpoint. Frauen in technischen und wirtschaftlichen Ausbildungen, Impulse für die Chancengleichheit. Sensibilisierungsfilm mit Informationen und Material für den Einsatz in der Ausbildung, von Sylvia Manchen Spörri, Ursula Bolli-Schaffner, Liliana Heimberg, 2007, Pabst Science Publishers, Lengerich.

---

11   Vgl. hierzu auch aus der Sicht der Organisationsentwicklung Lange 2006.

Gender-Kompetenz in den Leistungsbereichen der Fachhochschulen

Gender-Kompetenz in der Lehre: Das Beispiel der Hochschule für Technik FHNW

Julia K. Kuark

Einleitung

Technik hat für unsere Gesellschaft und deren Entwicklung zweifellos eine entscheidende Bedeutung. Auch unsere moderne Wirtschaft wäre ohne die heute zur Verfügung stehenden technischen Produkte nicht funktionsfähig. Obwohl Frauen und Männer technische Mittel in vielfältiger Weise am Arbeitsplatz und im Privaten anwenden, fällt auf, dass hauptsächlich Männer auf technische Innovationen Einfluss nehmen. Und noch heute ist es in der Schweiz nicht selbstverständlich, dass eine Frau eine naturwissenschaftliche oder technische Ausbildung ergreift und Ingenieurin wird. Die Integration von Gender-Kompetenz und eine ausgeglichene Geschlechterverteilung in den technischen Disziplinen sind jedoch für eine nachhaltige Technikentwicklung sehr zentral. Eine gender-kompetente Ausbildung besitzt deshalb besonders in den technischen Studiengängen erste Priorität.

Wie aber können Ingenieurwissenschaften gender-kompetent vermittelt werden? Obwohl eine umfassende Integration von Gender-Wissen in den naturwissenschaftlich-technischen Bereich heute noch aussteht, sind durchaus erste Ansätze zu erkennen. Mit der Einführung der Bachelor- und Masterabschlüsse im Rahmen der Bologna-Reform sind grosse Umstrukturierungen in den Studienprogrammen durchgeführt worden, die auch für die Einführung einer gender-sensiblen Ausbildung eine besondere Chance darstellen. Als Beispiel sei die Hochschule für Technik (HST), Standort Windisch der Fachhochschule Nordwestschweiz (FHNW), herangezogen: Hier wurden zahlreiche Massnahmen ergriffen, mittels einer gender-kompetenten Gestaltung der Ausbildung eine grössere Zahl Studentinnen für das Maschinenbaustudium zu gewinnen.

Frauen wurden dazu bereits für die Curriculumsentwicklung einbezogen. So wurde etwa bei der Neukonstitution des Fachbeirats 2001 lange gesucht, bis eine geeignete Fachfrau als Mitglied gefunden werden konnte. Überdies wurden Kontakte mit Fachfrauenorganisationen geknüpft. Als Dozierende wie Studierende wirkten Frauen bei der Konzeption der Studiengänge mit. Die Autorin, die Fachbeirätin des Studiengangs ist, wird im vorliegenden Beitrag ausgewählte Massnahmen im Rahmen der Entwicklung des Studiengangs beleuchten, die insgesamt zu einem wenn auch kleinen, immerhin stabilen Frauenanteil im Fach Maschinenbau geführt haben. Nahm vor zehn Jahren etwa alle drei Jahre eine Frau den Studiengang Maschinenbau auf, so stieg ihr Anteil in den vergangenen Jahren auf zwei bis fünf Frauen von insgesamt etwa sechzig Studierenden.

Gender-gerechte Informationsveranstaltungen

Wie einige andere Hochschulen auch, bietet die Hochschule für Technik am Standort Windisch auch Informationstage für junge Frauen an. Im September 2007 wurde der zweite Techniktag für Sekundarschülerinnen durchgeführt: Mit Mikroelektronik, Informatik, Elektrotechnik und Maschinenbau wurden vier technische Bereiche vorgestellt. Die Techniktage zielen darauf ab, insbesondere Schülerinnen Technik durch Erfolgserlebnisse mit ‚Hands-on'-Erfahrungen näherzubringen. So werden technische Berufe mit konkreten Vorstellungen verknüpft und interessierte junge Frauen gefördert.

Doch der grosse Ansturm von Frauen blieb bisher aus. Punktuelle Aktionen wie diese sind zwar wichtig, ihre Wirkungen sind jedoch zu wenig nachhaltig, um eine längerfristige Änderung in der Studiengangswahl junger Frauen herbeizuführen. Eine tiefer gehende Auseinandersetzung mit den Erwartungen junger Frauen und Männer an die Studiengänge und an den Beruf sowie ein gesamtgesellschaftlicher Wandel im Umgang mit Technik und technischen Innovationen sind dringend notwendig (siehe dazu den Artikel von Andrea Wolffram et al. in diesem Band). Um ein Mehr an Frauen in technischen Berufen zu gewährleisten, muss zudem schon in der Volksschule mit einer gender-gerechten Förderung von technischen Interessen begonnen werden. Sodann muss für junge Erwachsene die Gestaltung von persönlichen Werten und individuellen Lebenskonzepten vor, während und nach der Ausbildung thematisiert werden.

Mentoring-Programme

An der HST Windisch wurde im Jahre 2005 deshalb ein Mentoring-Programm in Maschinenbau lanciert, in welchem die Dozierenden kontinuierlich und strukturiert die Entwicklungen der Studierenden begleiten. Ziel ist es, den Studienerfolg durch ein strukturiertes Gesprächsangebot zu verbessern und dabei auch selbstreflexive Momente zu integrieren. Dazu gehören u.a. die Beratung der Studierenden bei curriculumsrelevanten Entscheidungen und das Sicherstellen des sinnvollen Aufbaus und der Dokumentation von Selbst- und Sozialkompetenzen.

Wichtig ist, dass die Mentorinnen und Mentoren selbst über Gender-Kompetenz verfügen und diese weitergeben. In der Schulung für die Betreuung müsste deshalb auch Gender-Kompetenz thematisiert werden. Um geschlechterrelevante Themen aufzufangen, wird bisher eine Mentorin eingesetzt. Alle Studentinnen haben demnach einen Mentor und eine Mentorin, die ihnen begleitend zur Seite stehen. Auch individuelle Vorstellungen von der späteren Erwerbsarbeit und das Herangehen an Bewerbungsverfahren werden im Laufe der Studienzeit besprochen.

Berufsbilder neu definieren

Tätigkeitsfelder von Ingenieurinnen und Ingenieuren haben sich in den letzten Jahren stark entwickelt. So hat der Bereich Maschinenbau heute etwa mehr mit gestalterischen Elementen zu tun, die eine starke Orientierung an den Bedürfnissen der Kunden und Kundinnen erfordern. Auch bewegt sich die Vorstellung vom Beruf weg vom Einzelgängertum, das im stillen Kämmerlein Erfindungen hervorbringt. Auch den Stellenanzeigen ist zu entnehmen, dass kommunikative Persönlichkeiten und Teamfähigkeit im Ingenieurwesen gefragt sind.

Im Rahmen der Einführung der Bachelor- und Masterstudiengänge wurden an der HST Windisch Berufsbilder neu definiert und dabei auch Möglichkeiten der selbstständigen Weiterbildung angesprochen – ein Aspekt, der dem heutigen Anspruch auf Lifelong Learning, aber auch dem stetigen Wandel in technischen Berufen Rechnung trägt (FHNW-HST 2006).

Neue Leitbilder für die technischen Disziplinen, wie das Berufsbild der HST eines darstellt, legen einen Grundstein, auf dem weitere Schritte aufbauen können. Gender-Kompetenz ist (noch) nicht expliziter Bestandteil im Berufsbild Maschinenbau der Hochschule, aber die ganzheitliche Struktur der Kompetenzbereiche lässt Raum für deren Explizierung.

Gender-Kompetenz in der Ausbildung

Gender-Kompetenz stellt einen Schlüssel für tief greifende Veränderungen in den technischen Disziplinen dar. Im Folgenden sollen für den Maschinenbau einige der in der Ausbildung auf Bachelor- und Masterstufe vermittelten Kompetenzen durch eine gender-sensible Perspektive ergänzt werden. Angeführt werden in diesem Zusammenhang immer auch konkrete Beispiele aus dem Hochschulalltag der HST Windisch.

Fachkompetenz

Wie in allen Disziplinen bildet auch im Maschinenbau Fachwissen einen zentralen Bestandteil der Ausbildung. Neben den Grundlagen, einem Überblick über die Fachbereiche und thematischen Vertiefungen werden im Berufsbild Maschinenbau an der HST Windisch fachinhaltliche Kompetenzen durch die Analyse und Lösung von Problemen, d.h. inhaltliche Anwendungen und Handlungskompetenz, erweitert.

In den technischen Studiengängen ist es besonders wichtig, sich von den militärisch geprägten Wurzeln zu lösen (Greif 1990, Kuark 1997) und die Fachinhalte auf eine gender-gerechte Art zu vermitteln, d.h., eine Lernkultur zu schaffen, die Frauen und Männer gleichermassen unterstützt. Baur und Marti (2000) schlagen eine Reihe von Möglichkeiten vor, dies umzusetzen. Unter anderem werden klare Gruppenaufträge, die Bildung von Kleingruppen und der Einsatz von kreativen Methoden genannt, wobei das Berücksichtigen der Methodenvielfalt grundsätzlich wichtig erscheint. Darüber hinaus sollen im Unterricht Beispiele beruflicher Tätigkeiten gewählt werden, die den Erfahrungsbereichen von Frauen und von Männern entsprechen. Kreativität und Innovation können mit pädagogischen Elementen gezielt gefördert werden (vgl. Kuark/Faber 2001, Kuark/Fleischmann 2000). In diesem Sinne muss das Fachwissen mit Gender-Kompetenz, Kreativität und Interdisziplinarität in der Vermittlung angereichert werden.

Fachkompetenz allein reicht heute aber nicht mehr aus: So bilden auch im Maschinenbau Methoden-, Selbst- und Sozialkompetenzen wichtige Elemente, um das Fachgebiet und den Beruf ganzheitlich und zukunftsorientiert zu definieren.

Methodenkompetenz

Die Wahl eines technischen Berufs ist eine Absichtserklärung, Entscheidungen für andere zu fällen. Die Ingenieurin oder Architektin bestimmt, wo die Lampen in einem Gebäude platziert werden und wie die Klimaanlage funktioniert. Die Kunden und Kundinnen müssen mit der guten oder schlechten Beleuchtung, der begrenzten Anzahl Steckdosen und der spezifischen Lüftungskonstruktion leben. Insofern gestalten Technikexpertinnen und -experten nicht nur die Infrastruktur, sie bestimmen auch die Ressourcen, die späteren Benutzerinnen und Benutzern für die weitere Gestaltung ihrer Umgebung zur Verfügung stehen. In diesem Zusammenhang ist eine gender-sensible und gender-reflexive Haltung sehr wichtig. Der direkte Einbezug von Kunden und Kundinnen ist unverzichtbar für die Erarbeitung von optimalen Lösungen (vgl. auch das Projekt LARES für den Einbezug von Gender-Aspekten in Bauten, www.lares.ch).

Einer der Eckpunkte der Methodenkompetenz im Berufsbild Maschinenbau der FHNW-HST Standort Windisch ist die systematische Planung von Projekten unter technischen und ökonomischen Aspekten. Damit ist die Einbettung der Projekte in einen grösseren Rahmen intendiert. Das Verständnis des Kontextes muss jedoch um soziale und kulturelle Aspekte erweitert werden, damit die Voraussetzungen für eine gender-gerechte Gestaltung und Entwicklung technischer Produkte und Prozesse erfüllt sind. Deshalb ist die Integration von Gender-Kompetenz für die Umsetzung grundlegend.

Sozialkompetenz

Neue Formen der Nutzung technischer Geräte bieten ein grosses Potenzial für nachhaltige Veränderungen. Die *Car-Sharing Organization ‚Mobility'* geniesst in der Schweiz grossen Erfolg. Nach Bedarf werden Fahrzeuge reserviert, benutzt und entsprechend abgerechnet. In grösseren Ortschaften sind Fahrzeuge in der Nähe des Bahnhofs platziert, sodass längere Strecken mit der Eisenbahn zurückgelegt und abgelegene Ortschaften noch flexibel und bequem erreicht werden können. Dieses Modell zeigt einen neuen Ansatz auf. Es geht weg von der Verkoppelung von Besitz, Status und Nutzung von Technik hin zur aktiven Teilnahme an einer sinnvollen gemeinsamen Nutzung, in der Sozialkompetenz gleichwertig mit den notwendigen technischen Kenntnissen verbunden wird (Kuark 2000).

Im neuen Berufsbild für Maschinenbau werden Konfliktfähigkeit, Durchsetzungsvermögen und sprachliche Fähigkeiten sowie „Sicherheit, Kompetenz im Team und im industriellen, wirtschaftlichen und gesellschaftlichen Umfeld" angestrebt (FHNW-HST 2006). Mit anderen Worten muss Technikentwicklung in allen ihren komplexen Zusammenhängen gesehen werden – dazu ist Gender-Kompetenz unabdingbar.

Selbstkompetenz

Im Privatleben werden auch geschlechtsspezifische Rollen eingenommen. So sind es meist Männer, die für Kauf und Wartung technischer Freizeitgeräte wie Fahrrad, Stereoanlage usw. zuständig sind. Dem Klischee nach sind Frauen dann gefragt, wenn es um Küchen- oder Haushaltgeräte geht. Dies stimmt jedoch nicht, wenn jüngste Studien berücksichtigt werden. Es lohnt sich auf jeden Fall, über das eigene geschlechtstypische oder -untypische Verhalten nachzudenken (Kuark 2000). Dafür ist Selbstkompetenz, vor allem die Fähigkeit notwendig, über sich selbst als Mann oder Frau und die persönlichen Vorstellungen über angemessene ‚weibliche' bzw. ‚männliche' Rollen kritisch zu reflektieren. Dies ist eine Voraussetzung dafür, „Handeln überlegt und verantwortungsbewusst in die Arbeit" einzubringen (FHNW-HST 2006). Angesprochen wird zudem die Fähigkeit, Prioritäten zu setzen, um grössere Flexibilität zu erreichen und Belastungen auszuhalten.

Zusammenarbeit in Projekten

Interdisziplinäre Lösungen komplexer Problemstellungen im gesellschaftlichen, kulturellen, ökonomischen und ökologischen Kontext werden immer wichtiger. Der Studiengang Maschinenbau umfasst eine ‚Projektschiene', in der die Studierenden in Gruppen über mehrere Semester und anhand verschiedener Aufträge an konkreten Projekten arbeiten. Das Programm und die Instrumente wurden in einem interdisziplinären Team mit Dozierenden aus den Fachbereichen Deutsch, Produkte-Entwicklung und Maschinenbau konzipiert.

In diesem Rahmen werden sowohl Fach- und Methodenkompetenz umgesetzt als auch Sozial- und Selbstkompetenz entwickelt und reflektiert. Parallel zur Entwicklung innovativer technischer Lösungen lernen die Studierenden, sich Ziele zu setzen, Selbstevaluationen durchzuführen und gegenseitig Feedback zu geben und zu empfangen. Darüber hinaus wird als sogenanntes Kontextmodul ‚Männergeschichte-Frauengeschichte' angeboten, in dem geschlechtsspezifische Perspektiven thematisiert und diskutiert werden. Mehrere Maschinenbau-Studierende nehmen jeweils an dieser Lehrveranstaltung teil.

Schlusswort

Wie können Dozierende der technischen Studiengänge einen Beitrag leisten, um die Gender-Kompetenz der Studierenden zu erhöhen? Die hier genannten Dimensionen einer gender-kompetenten Ausbildung stellen zentrale inhaltliche und prozessorientierte Möglichkeiten dar.

Darüber hinaus aber muss es noch immer ein Anliegen sein, mehr Mitarbeiterinnen bzw. Dozentinnen für die Ausbildung in technischen Disziplinen zu gewinnen. Frauen können weiblichen wie männlichen Studierenden Vorbild für die Vielfalt möglicher Lebensentwürfe und ‚Weiblichkeiten' sein. Gemeinsam mit ihren männlichen Kollegen können sie Stellenwert und Tragweite einer gender-gerechten Ausbildung vermitteln, können auf die ‚geschlechterblinden' wie ‚geschlechtersensiblen' Themen und Problemstellungen in der Technik verweisen.

Mit dem Fokus auf das Gestaltungspotenzial, das die Hochschulen durch Einbezug von Geschlechterfragen gewinnen, und mit vielen kleinen Schritten bei der Integration von Frauen als Lehrende wie Lernende können technische Hochschulen auch im Leistungsbereich der Ausbildung zukunftsfähig werden. Mit dieser Entwicklung rückt auch die Vision einer verantwortungsvollen, gender-gerechten Technikgestaltung und Entwicklung nachhaltig näher.

Gender-kompetente Forschung als geschlechtergerechte Forschung: Das Beispiel der Hochschule für Soziale Arbeit FHNW

SIBYLLE NIDERÖST

Gender-Kompetenz in der Sozialen Arbeit

Der Begriff Gender bezeichnet das soziale Geschlecht und verdeutlicht, dass nicht nur die Unterschiede zwischen Frauen und Männern in den Geschlechterbildern und -rollen sozial konstruiert sind, sondern auch die Geschlechtszugehörigkeit selbst in alltäglichen Interaktionen immer wieder hergestellt und reproduziert wird im Sinne des *Doing Gender* (West/Zimmerman 1987). Mit der zunehmenden Bedeutung von Gender Mainstreaming und dessen Umsetzung stellen sich für die Professionellen der Sozialen Arbeit neue Herausforderungen in unterschiedlichen Feldern, insbesondere in der Jugendarbeit oder in der Arbeit mit von Gewalt betroffenen Frauen, wo Fragen der Geschlechterverhältnisse allgegenwärtig sind.

Um gezielt problematische Lebenslagen bearbeiten zu können, ist spezifische professionelle Kompetenz im Umgang mit den Geschlechtern gefragt. Dabei geht es nicht um Parteilichkeit im Sinne des feministischen Paradigmas, sondern Gender-Kompetenz bedeutet die Abkehr von eindeutig definierten Leitbildern von Männlichkeit und Weiblichkeit. Offenheit gegenüber Geschlechterkonstruktionen von Frauen und Männern gehört dabei genauso zum Standard der gender-kompetenten Professionalität wie die Fähigkeit, eigene Geschlechterrollen und Geschlechterverhältnisse zu reflektieren. Gender-Kompetenz in der Sozialen Arbeit wird daher als Fähigkeit verstanden, aus einer genauen Kenntnis und Wahrnehmung der Geschlechter im professionellen Kontext Strategien und Methoden zu entwickeln, welche die Individuen im Prozess des *Doing Gender* unterstützen, die beiden Geschlechtern erweiterte Handlungsmöglichkeiten aufzeigen und der Verständigung zwischen den Geschlechtern dienen (Kunert-Zier 2005: 24).

Eine wichtige Grundlage dieser Kompetenz bildet gender-bezogenes Fachwissen, welches sich die Studierenden der Sozialen Arbeit während ihrer Ausbildung aneignen sollen. Dazu gehört neben der Kenntnis über gesellschaftliche Strukturen und Machtverhältnisse auch der Erwerb von geschlechterbezogenem Wissen über die unterschiedlichen Adressatinnen und Adressaten der Sozialen Arbeit. Hier muss die Forschung in der Sozialen Arbeit ihren entscheidenden Beitrag leisten.

Gender-Kompetenz in der Forschung in der Sozialen Arbeit

Beim Geschlecht handelt es sich um eine Kategorie, die allgegenwärtig, ja allmächtig ist: Sie ist immer von Bedeutung, da wir nie geschlechtslose Wesen sind. Geschlecht wirkt immer und überall, ob wir uns dessen bewusst sind oder nicht; auch Forscherinnen und Forscher können sich dieser Tatsache nicht entziehen. So ist zumindest in der sozialwissenschaftlichen Forschung in den letzten Jahren eine zunehmende Berücksichtigung der Variable Geschlecht erfolgt, eine geschlechtergerechte Forschung im eigentlichen Sinne hat sich hingegen noch nicht wirklich etablieren können.

Was heisst geschlechtergerechte Forschung?

Geschlechtergerechte Forschung in den Sozialwissenschaften bedeutet zweierlei: In erster Line zielt sie darauf ab, Situationen und Bedürfnisse von Frauen und Männern, d.h. weibliche und männliche Lebenszusammenhänge, in allen Phasen des Forschungsprozesses zu berücksichtigen. In zweiter Linie geht es aber vor allem auch darum, die eigenen Geschlechtervorstellungen und die eigene Position zu reflektieren. Sozialwissenschaftliche Forschung findet in einem spezifischen historischen und gesellschaftlich gebundenen Kontext statt, der das Denken und die Perspektive der Forschenden mitprägt und das jeweilige Forschungsvorhaben, beobachtet oder unbeobachtet, beeinflussen kann (Brückner 1998: 55). Es gilt daher, diese vorwissenschaftlichen und geschlechtsspezifisch konnotierten sozialen und körperlichen Tatsachen vor und nach einer Forschung zu reflektieren.

Bei ungenügender Berücksichtigung dieser Grundsätze besteht die Gefahr der Geschlechtsverzerrung *(Gender Bias)*, die immer noch weit verbreitet ist und alle Phasen des Forschungsprozesses betreffen kann, wie etwa die Sprache, die theoretischen Konzepte und Begriffe, das Forschungsdesign, die verwendeten Forschungsmethoden, die Dateninterpretation und die Schlussfolgerungen beziehungsweise die Empfehlungen, die aus einem Forschungsprojekt resultieren können. Eichler definierte vier Hauptformen von *Gender Bias:*

1. Androzentrismus: Anwendung einer einseitig männlichen Sicht;
2. Geschlechterinsensibilität: Ignorieren von Geschlecht als sozial wichtige Variable;
3. Überverallgemeinerung: Allgemeinaussagen, die auf Daten über nur ein Geschlecht basieren;
4. Doppelter Bewertungsmassstab: Anwendung verschiedener Massstäbe für die gleichen Charakteristika, Geschehnisse oder Ergebnisse (Eichler 1998: 35).

Ruiz und Verbrugge hingegen unterscheiden nur zwei Formen des *Gender Bias*, die die meisten von Eichler erwähnten Verzerrungen umfassen:
1. Eine Gleichheit oder Ähnlichkeit von Männern und Frauen wird unterstellt. Die Gleichheit der Geschlechter ist eine grundlegende Annahme, die den Zugang zur Forschung und letztlich den Umgang mit den Forschungsergebnissen bestimmt.
2. Unterschiede zwischen Männern und Frauen werden angenommen, wo möglicherweise keine sind (1997, zit. in Babitsch 2005: 28).

Letzteres zeigt sich häufig bei der geschlechterdifferenzierenden Analyse von Daten, indem Frauen und Männer als biologisch verschiedene Gruppen ohne ersichtlichen Grund getrennt analysiert werden oder indem eine blosse Kontrolle der Variable Geschlecht in statistischen Modellen erfolgt (Geschlecht als *Confounding Factor*).

Wie kann geschlechtergerechte Forschung realisiert werden?

Geschlechtergerechte Forschung stellt eine Herausforderung dar, sollen alle die oben genannten Verzerrungen vermieden werden. Dies ist allerdings in Wirklichkeit nur schwer zu realisieren. Am Beispiel der Männergesundheit lässt sich aufzeigen, dass die Berücksichtigung der Variable Geschlecht zur Verstärkung von Geschlechterstereotypen geführt hat, indem die Gesundheit der Männer immer nur in Abgrenzung zu derjenigen der Frauen thematisiert wird. Unterschiede innerhalb der Geschlechtsgruppe bleiben nahezu unberücksichtigt (Nideröst 2007). Es ist daher wichtig, einige Standards zur Vermeidung des *Gender Bias* zu definieren, woran sich Forschende orientieren können.

Babitsch schlägt folgende fünf Aspekte für die Umsetzung einer geschlechtergerechten Forschung vor:

1. Berücksichtigung der Kategorie Geschlecht als soziale Kategorie in allen Phasen des Forschungsprozesses;
2. Darstellung der methodischen Vorgehensweise, insbesondere bei der Operationalisierung der Variablen; diese sollten in Bezug auf mögliche Ungleichbehandlungen von Frauen und Männern reflektiert werden;
3. Analyse und Beurteilung der Ergebnisse für beide Gruppen; einer getrennten Analyse nach Geschlecht sollte immer eine Kontrolle nach Geschlecht vorangehen;
4. Formulierung von gender-sensitiven Schlussfolgerungen;
5. Formulierung von Empfehlungen für die Forschung und Praxis, in denen die Kategorie Geschlecht eine zentrale Rolle einnimmt (Babitsch 2005: 310).

Nur wer diese Punkte beachtet, kann mit Recht von sich behaupten, geschlechtergerechte Forschung zu betreiben. Allerdings darf aus diesen Richtlinien keineswegs abgeleitet werden, dass jedes Forschungsprojekt immer die Untersuchung beider Geschlechter beinhalten muss. Geschlechtergerechte Forschung heisst, auch einmal nur ein Geschlecht in den Blick zu nehmen, wenn der Fokus entsprechend begründet ist. Diese Begründung ergibt sich etwa daraus, dass einige Fragestellungen eine allzu starke Homogenität innerhalb einer Geschlechtsgruppe unterstellen oder für eine Geschlechtsgruppe bisher noch gar nicht oder ungenügend untersucht worden sind.

Ansätze einer geschlechtergerechten Forschung an der Hochschule für Soziale Arbeit FHNW

Die Hochschule für Soziale Arbeit realisiert erste Ansätze einer geschlechtergerechten Forschung, indem in verschiedenen Forschungsprojekten die Variable Geschlecht explizit berücksichtigt wird. So wird auf männliche und weibliche Lebenszusammenhänge fokussiert und Geschlecht in Verschränkung mit weiteren Ungleichheitsdeterminanten wie Alter, ethnischer Zugehörigkeit oder sozialer Lage untersucht. Wo geschlechterbezogene Unterschiede festgestellt wurden, erfolgen entsprechende Empfehlungen für die Praxis. Einige Projekte untersuchen explizit nur Männer oder Frauen, wie beispielsweise die Projekte des Schweizerischen Nationalfonds (SNF) ‚HIV-Schutzstrategien von heterosexuellen Männern‘, ‚Männliche Sexarbeiter, Freier und Safer Sex‘ oder ‚Gewalt im Sexgewerbe – die Situation von *Migrant Sexworkers* im Raum Basel-Stadt‘.

Andere beziehen beide Geschlechter mit ein, so ein ebenfalls vom SNF finanziertes Projekt, anhand dessen ich im Folgenden ein Beispiel für die Umsetzung geschlechtergerechter Forschung geben werde.

Psychosoziale Probleme und Unterstützungsbedarf HIV-positiver Mütter und Väter

Das Projekt Eurosupport IV/Switzerland untersuchte die Probleme und den Unterstützungsbedarf von HIV-positiven Betreuungspersonen und ihren Kindern. Ziel war dabei, einerseits Wissen über die Lebenssituation von HIV-positiven Eltern zu gewinnen, andererseits sollten Lücken zwischen existierenden Angeboten auf der einen Seite und den geäusserten Bedürfnissen aufseiten der Betreuungspersonen identifiziert werden (Nideröst et al. 2005).

Als Erhebungsinstrument diente ein standardisierter schriftlicher Fragebogen. Bei den aufgenommenen Themen und der Formulierung der Fragen wurde bereits darauf geachtet, dass diese für Frauen und Männer gemäss ihren unterschiedlichen Lebenssituationen spezifiziert wurden, beispielsweise bei Fragen zu Kinderwunsch, Erziehungstätigkeit und Unterstützungsbedarf. Auch bei den soziodemografischen Variablen wurden neben den klassischen vertikalen Ungleichheitsdeterminanten wie Einkommen, berufliche Stellung und Bildungsabschluss, die tendenziell von (männlichen) Normalarbeitsverhältnissen ausgehen, auch horizontale Variablen wie etwa Migrationshintergrund, Wohnsituation, Lebensform und soziale Unterstützung eingeschlossen.

Die Analyse erfolgte unter Beteiligung einer Forscherin und eines Forschers. Konsequent wurden die unabhängigen und abhängigen Variablen einer Kontrolle nach Geschlecht unterzogen, wobei sich signifikante Unterschiede vor allem in Bezug auf die ökonomischen und sozialen Ressourcen zeigten. Frauen sind finanziell weniger gut gestellt, seltener in den Arbeitsmarkt integriert und häufiger alleinerziehend. Hingegen verfügen sie über grössere soziale Netzwerke als Männer, die sie bei der Erziehungstätigkeit unterstützen.

Die Differenzen in der sozialen Lage der befragten Mütter und Väter boten Anlass zu einer geschlechtergetrennten Analyse hinsichtlich Wahrnehmung der Erziehungstätigkeit. Diese zeigte sowohl Unterschiede innerhalb der Frauen- beziehungsweise Männergruppe als auch Gemeinsamkeiten zwischen den Geschlechtern. Bei Frauen wirkt sich ein hoher Unterstützungsbedarf negativ auf die Einschätzung der eigenen Erziehungstätigkeit aus. Bei Männern hängt diese Einschätzung wesentlich von der Höhe des monatlichen Haushaltseinkommens der Familie ab. Zudem nimmt mit zunehmendem Alter der Kinder die positive Einschätzung des Vaterseins ab. Hingegen wirken sich Diskriminierungserfahrungen sowohl bei den Frauen als auch bei den Männern negativ auf das Erleben der eigenen Erziehungstätigkeit aus.

Aus diesen Ergebnissen lassen sich geschlechterbezogene Empfehlungen für die Professionellen der Sozialen Arbeit ableiten, indem in der Beratung von HIV-positiven Eltern die unterschiedliche Lebenssituation mitberücksichtigt wird. Dabei sollte in erster Linie für beide Geschlechter eine Verbesserung der ökonomischen Situation angestrebt werden. Bei Frauen ist zusätzlich zu prüfen, ob und wie sie bei der Erziehungstätigkeit unterstützt werden können. Generell scheinen die Professionellen der Sozialen Arbeit auch darin gefordert, vermehrt zum Abbau von Diskriminierung und Stigmatisierung HIV-positiver Mütter und Väter beizutragen.

Übertragbarkeit der geschlechtergerechten Forschung auf andere Disziplinen

Kritische Stimmen mögen anmerken, die Berücksichtigung der Variable Geschlecht in der Sozialen Arbeit ergebe sich logischerweise daraus, dass deren Forschungsgegenstand sich meist auf das vergesellschaftlichte Subjekt beziehe. In anderen Disziplinen, wie etwa den Ingenieur- oder Naturwissenschaften, sei die Berücksichtigung des sozialen Geschlechts nicht automatisch gegeben. In der Tat stellt sich zunächst immer die Frage, inwiefern Geschlecht relevant ist. Doch manchmal ist diese Relevanz nicht auf den ersten Blick sichtbar, und die Geschlechtsverzerrung kann je nach Disziplin unterschiedlich gelagert sein. Daher ist in jeder Disziplin zunächst eine umfassende und kritische Analyse des Forschungsstandes notwendig, um Forschungslücken zu identifizieren und dem Resultat entsprechend geschlechtsspezifische Projekte zu fördern.

Die Vermittlung geschlechtergerechter Forschungsmethoden in der Aus- und Weiterbildung trägt entscheidend zur Etablierung genderkompetenter Forschung bei. Deren Realisierung setzt neben den oben erwähnten Forschungsmethoden auch grundsätzliches Wissen über soziale Geschlechterverhältnisse und Konstruktionen, über strukturelle Voraussetzungen auf Ebene der Gesellschaft sowie auf Ebene der Hochschulen voraus. Ebenso nötig ist Wissen zu Macht- und Herrschaftsverhältnissen, zu Prozessen von Inklusion und Exklusion innerhalb von Forschungsgruppen und innerhalb der *Scientific Community*. Dieses Wissen kann

Forschenden in speziellen Weiterbildungen vermittelt werden. Geeignete Gefässe für die Reflexion sind auch *Workshops* oder Team-Retraiten, in denen explizit Geschlechterbeziehungen und Geschlechterkonstruktionen analysiert und deren Aspekte für die eigene Forschungsarbeit beleuchtet werden. Eine geschlechtergerechte Forschung benötigt zudem Austauschmöglichkeiten und Vernetzungen zwischen den Forschenden, die über die jeweilige Disziplin bzw. Hochschule hinausgehen.

Weiter kann geschlechtergerechte Forschung gefördert werden, indem entsprechende Standards bei der Vergabe von Forschungsprojekten bzw. bei der Veröffentlichung von Forschungsergebnissen beachtet werden.

Eine qualitativ hochstehende Forschung kann auf die Berücksichtigung von Gender-Aspekten im hier beschriebenen Sinn nicht verzichten. Sind ihre Forschenden und Forschungsverantwortlichen bereit, sich auf diese Herausforderung einzulassen, wird die FHNW an Profil gewinnen und ihre Position im Wettbewerb der Forschungsinstitutionen stärken.

Gender-Kompetenz in der Beratung:
Das Beispiel der Hochschule für Wirtschaft FHNW

Nathalie Amstutz und Guy Ochsenbein

Beratung als Dienstleistung der Fachhochschule

Mit ihrer Beratungstätigkeit erfüllt die Hochschule für Wirtschaft (HSW) der Fachhochschule Nordwestschweiz einen Teil ihres vierfachen Leistungsauftrages als Fachhochschule; aktuelles und neues Forschungswissen wird in der Praxis umgesetzt und weiter auf seine Anwendbarkeit hin optimiert.

Die von der HSW angebotene Beratung ist in der Regel Unternehmensberatung. Diese erfolgt als Dienstleistung, in der das Beratungssystem (die HSW als Ganzes, einzelne Institute oder deren Vertretende) und ein Kundensystem (eine Profit- oder Non-Profit-Organisation als Ganzes oder ihre Untereinheiten) im Rahmen eines Projektes zusammenarbeiten, mit dem Ziel, ein Problem der Organisation zu analysieren und eine Lösung zu finden. Die Ziele und Rahmenbedingungen des Projektes werden, wie in der professionellen Beratung üblich, im Voraus festgelegt. Dies gilt insbesondere für die finanziellen, personellen und zeitlichen Beschränkungen, welche im Beratungsvertrag festgelegt werden.

Die Beratung der HSW ist vielfältig und kann je nach Kriterienwahl aus unterschiedlichen Perspektiven betrachtet werden: Wird das Ausmass der Beratungsaktivität beim Problemlösen in den Fokus gerückt, so geht die Spannweite von nicht direktiver Problemlösung (Unterstützung der Organisation beim Erarbeiten des Problemzusammenhangs) bis hin zu direktivem Vorgehen (Vorschlag und Anwendung geeigneter Verfahren). Ähnlich verhält es sich, wenn wir den Einflussgrad der HSW auf die Problemlösung der Kundschaft betrachten; vom eher seltenen Einsatz des Krisenmanagements über die Prozessberatung bis hin zur neutralen Drittpartei sind alle Rollen denkbar. Die Vielfalt der HSW-Beratung wird deutlich, wenn wir die Beratungsaktivitäten in eine Matrix einordnen mit den beiden Dimensionen ‚Art der Beratung' (Fachberatung versus Prozessberatung) und ‚Beratungsverhalten' (direktiv versus nicht direktiv). Ein sachorientierter Beratungsstil wird in der klassischen fachlich-direktiven Problemlösung und in der Gutachtertätigkeit angewendet. Tritt die HSW mehr in der Rolle der Prozessberaterin auf, so wirkt sie als Prozesspromotorin eher direktiv oder als Moderatorin und Coach eher nicht direktiv.

Im Folgenden werden zwei unterschiedliche Beratungstypen beschrieben, in denen Gender-Kompetenz gefragt ist: ‚Gender-Beratung' und ‚genderorientierte Beratung'. Für jeden Typ wird ein Beispiel angeführt. Unser Fazit aufgrund der Erfahrungen der HSW fügen wir am Schluss an.

Gender-Beratung an der HSW

Wir sprechen von Gender-Beratung, wenn die Entwicklung der Geschlechtergleichstellung das primäre Ziel im Beratungsvertrag darstellt: Die Optimierung der Gleichstellung in der Organisation soll durch das Erreichen messbarer Ziele wie beispielsweise die Erhöhung des Anteils an weiblichen Führungskräften oder die Herstellung der Lohngleichheit gefördert beziehungsweise hergestellt werden.

Die einzelnen Beratungsaktivitäten können dabei, entsprechend der vorangehenden Übersicht, von der längerfristigen Prozessberatung bis zum einmaligen Fachinput reichen. Damit unterstützen die Beratungsinterventionen unterschiedliche Phasen im Prozess der Umsetzung von Gleichstellung: von der Konzipierung, Planung, Verankerung und Kommunikation von Gleichstellungsprojekten in der Unternehmung bis hin zu strategischer Beratung, die auf Gender-Analysen beruht.

Dazu das Beispiel eines aktuellen Beratungsprojektes in einer Non-Profit-Organisation.

Beispiel Gender-Analyse

Die Organisation XY will in der Gleichstellung weitere Schritte unternehmen und braucht dazu Informationen über ihren Handlungsbedarf. Das Ziel des Beratungsauftrags heisst Gender-Analyse. Die Analyse der Personalstatistik verschafft eine quantitative Sicht der Repräsentation von Frauen und Männern in der Organisation (die je nach Tiefe der Analyse Funktionen, Aufgaben, Beurteilung, Beförderungspraxis, Personalgewinnung, Entlöhnung umfassen kann). Zur Untersuchung gehören aber auch qualitative Befunde über die Wahrnehmung der Geschlechterrollen durch die Mitarbeitenden, ihre Einschätzung der eigenen Entwicklungspotenziale und Ressourcen bis hin zum Marktauftritt der Organisation, ihren Produkten und ihrer Kommunikation.[1] Der Ansatz

---

1 Vgl. zu einzelnen Punkten der Analyse Bendl et al. 2004, 88 ff.

des Gender Budgeting weist zusätzlich nach, wie weit Frauen bzw. Männer am Einsatz der finanziellen Ressourcen der Organisation partizipieren und Nutzen daraus ziehen. Gender Budgeting wurde bisher vor allem in Bezug auf den öffentlichen Haushalt bezogen, innerhalb von Organisationen bietet dieser Fokus ebenfalls wichtige Hinweise auf eventuelle geschlechterspezifische Segregationen.

Im Beispiel XY sollen auf der Grundlage der Analyseergebnisse Ziele und Massnahmen für die Förderung von Frauen in Führungsfunktionen formuliert werden. Die Klärung und Festlegung dieser Ziele bildet einen zentralen Meilenstein im Beratungsprozess. Die Organisation beschliesst aufgrund der Analyse, den Anteil von Frauen in Leitungsfunktionen innerhalb der nächsten 5 Jahre auf 30% zu erhöhen. Die dazu definierten Massnahmen sind:

- Entwicklung eines klaren Nachwuchskonzepts und
- Angebot von Jobsharing für Führungskräfte.

Der Gender-Beratung liegt der verbreitete und am Anfang dieses Buches beschriebene Ansatz des Gender Mainstreaming zugrunde (vgl. dazu den Artikel von R. Freiburghaus, Kap. I). Das heisst, dass Gleichstellungsziele und -massnahmen in die bestehenden Prozesse und Instrumente der Organisation integriert werden. Das Erreichen der Ziele liegt in der Verantwortung der Führungskräfte.

Ein Instrument für die Umsetzung dieses Ansatzes in Organisationen stellt das Gleichstellungs-Controlling dar (vgl. dazu Müller/Sander 2005). Dieses geht von folgenden Prämissen aus: Gleichstellungsziele sind in den laufenden Controlling-Prozess der Organisation zu integrieren und bestehende Managementinstrumente wie Führen über Zielvereinbarungen (MbO) werden um die Gender-Perspektive ergänzt, um eine nachhaltige Verankerung der Gleichstellung zu sichern.

Um die komplexen Ziele des Gender Mainstreaming, die ökonomische, rechtliche, kulturelle und politische Ebenen betreffen, zu realisieren, versucht das Gleichstellungs-Controlling pragmatische Lösungen für unterschiedliche Organisationstypen aufzuzeigen. Die Herausforderung besteht darin, praktikable Wege im Organisationsentwicklungsprozess zu entwerfen, die der jeweiligen Organisationskultur Rechnung tragen. Gender-Beratungen beginnen meist mit einem konkreten Anliegen, mit dem Wunsch, in Sachen Gleichstellung voranzukommen. Dabei ist festzuhalten, dass Genderfragen in Organisationen in der Praxis meist mit zentralen Aufgaben der Organisation verwoben sind, wie beispielsweise der Kommunikation zwischen Management und Belegschaft, der Kompetenzen der Führungskräfte bei der Gestaltung von Mitarbeitendengesprächen, der Planung interner Weiterbildungen oder der Sozialkompetenz auf der persönlichen Ebene der Interaktion. Insofern lassen sich in den Beratungen mit den gleichstellungsspezifischen Zielen weitere Abläufe innerhalb der Organisation optimieren.

Gender-orientierte Beratung

Das schweizerische Gleichstellungsgesetz definiert seine Vorgaben nicht nur als allgemeines Diskriminierungsverbot, sondern es regelt die Gleichstellung der Geschlechter in differenzierten Belangen der Erwerbsarbeit. Die konkreten Forderungen des Gleichstellungsgesetzes zur Erwerbsarbeit orientieren sich an den klassischen Personalprozessen, die geschlechtergerecht ausgestaltet sein müssen:[2] Das Diskriminierungsverbot gilt „insbesondere für die Anstellung, Aufgabenzuteilung, Gestaltung der Arbeitsbedingungen, Entlöhnung, Aus- und Weiterbildung, Beförderung und Entlassung" von Mitarbeiterinnen und Mitarbeitern. Damit ist ein breites Feld personal- und organisationsbezogener Themen abgesteckt, die Gegenstand von Beratungsmandaten an der HSW, insbesondere des Instituts Personalmanagement und Organisation, darstellen. Das verlangt von einer professionellen HSW-Beratung die Kenntnis des Gesetzes sowie die Unterstützung der entsprechenden Ausgestaltung von Strategie, Personalpolitik und Instrumenten ihrer Beratung. Wenn diese Themen nun fachlich korrekt und also geschlechtsneutral angegangen werden, sollte das genügen, oder vielleicht doch nicht?

Mythos geschlechterneutrale Organisation

Die Beschäftigung mit den Rollen von Frauen und Männern in Organisationen, in der Hierarchie, bezüglich Status, Netzwerken, aber auch im Verhalten der Kundschaft, im Marketing und in der Kommunikation zeigen, dass jede Organisation bestimmte Muster für beide Geschlechter ausprägt.[3]

---

2 Vgl. dazu Art. 3 Abs. 2 Bundesgesetz über die Gleichstellung von Frau und Mann, GLG; SR 151.1
3 Geschlechtermuster sind auf verschiedenen Ebenen in Strukturen und Prozessen von Organisationen wirksam, in der Arbeitsteilung wie in den Laufbahnen der Mitarbeitenden, der Kommunikation der Organisation wie in der persönlichen Interaktion. (Vgl. dazu Pasero 2000, Wilz 2002, Koall 2002, Amstutz/Müller 2008; siehe dazu auch Kap. 3 in diesem Buch.)

Prinzipien organisatorischer Funktionsweise wie Leistung, Professionalität, Sachlichkeit oder Fachkompetenz definieren zwar dieses Funktionieren als geschlechtsneutral, diese sich objektiv gebenden Prinzipien selbst sind jedoch gerade Orte der Konstruktion von Geschlecht. Allgemein sichtbar ist die Geschlechtersegregation in der Vertikalen (Hierarchie) und in der Horizontalen (Tätigkeitsfelder). Reflektiert eine Organisation diese Tatsache, so hat sie erst die Möglichkeit, diese Geschlechtermuster zu beeinflussen und zu gestalten. Dies ist die Voraussetzung für eine Verbesserung der Gleichstellungsbilanz der Organisation.

Eine Neuplanung der Nachwuchsförderung ohne aktiven Einbezug der Geschlechterperspektive riskiert Frauen als Kandidatinnen zu übersehen und in traditionellen, an Männern orientierten Gewohnheiten der jeweiligen Organisation zu verharren. Ebenso tendieren diese Organisationsmuster dazu, junge männliche Führungskräfte in einer Weise zu fordern und einzusetzen, die ein Privatleben nicht mitberücksichtigt. Ein anderes Beispiel ist die Einführung von leistungsorientierten Beurteilungssystemen. Diese sind erst als nicht diskriminierend zu bezeichnen, wenn die Organisation über diesbezügliche geschlechterspezifische Daten verfügt und überprüft hat, ob nicht nur hinsichtlich Grundlohn, sondern gerade auch bezüglich weiterer Leistungskomponenten, beispielsweise bei der Vergabe von Boni oder Prämien, keine Diskriminierung herrscht. Dies setzt die Transparenz der Leistungskriterien und wie auch der Beurteilungsprozesse voraus.

Eine gender-orientierte Beratung integriert die Gender-Perspektive in ihre Themen und Instrumente. Als weiteres Beispiel sei kurz auf die Einführung von Management by Objectives als Führungsinstrument hingewiesen. Hier gilt es nun, die neue Perspektive in das Instrument des zielorientierten Managements zu integrieren.

Beispiel Einführung Management by Objectives

Management by Objectives (MbO) ist ein weitverbreitetes Managementsystem zur Koordination der Aktivitäten zwischen den verschiedenen Organisationsebenen wie auch innerhalb einzelner Ebenen. Im Prinzip werden im MbO die von der Geschäftsleitung definierten Leistungsziele des Unternehmens kaskadenförmig über die Organisationsstufen auf immer konkretere Teilziele heruntergebrochen. Alle Mitarbeitenden sind in das MbO-System eingebunden und verhandeln mit ihren Vorgesetzten die Leistungsergebnisse, welche sie beziehungsweise ihre Organisationseinheit für das Erreichen der Unternehmensziele zu erbringen haben. Die

Zielvereinbarung sowie die Evaluation der Zielerreichung sind in einen mehr oder weniger standardisierten, im Jahreszyklus ablaufenden Prozess eingebunden. Die Vorteile des MbO sind vielfältig: erhöhte Transparenz und Vergleichbarkeit der Produktivität einzelner Bereiche und Personen, generelle Zunahme der Produktivität, klarere Ausrichtung der (Einzel-) Aktivitäten auf die Unternehmensziele und anderes mehr. Da im MbO neben den Leistungszielen auch Verhaltens- und Entwicklungsziele definiert und umgesetzt werden, kann diese Methode einen wesentlichen Beitrag zur breit abgestützten und nachhaltigen Veränderung und Verankerung von Normen, Regeln und Werten im Unternehmen leisten.

Entscheidet sich eine Unternehmensleitung zur aktiven Förderung der Gender-Perspektive, so können im Rahmen des MbO auch entsprechende Ziele festgelegt und über die Kaskade im Unternehmen verankert werden. So würde beispielsweise nicht nur das Verhältnis von Männern und Frauen im Kader definiert, sondern auch konkret festgelegt, auf welchen Stufen und in welchen Bereichen welcher Beitrag zur Erreichung einer gendergerechten Stellenverteilung zu erbringen sei. Wird der Zielerreichungsgrad in den einzelnen Einheiten sichtbar gemacht, so wachsen Motivation und Identifizierung mit diesen Zielen auch in jenen Bereichen und bei jenen Führungskräften sowie Mitarbeitenden, die sich sonst wenig um die Umsetzung bemühen würden. Im Sinne von Rahmenbedingungen können ebenso unternehmensweit gender-orientierte Kriterien für die Festlegung von Verhaltens- und Entwicklungszielen definiert werden. Wenn etwa die Regel besteht, dass alle Mitarbeiterinnen und Mitarbeiter jährlich mindestens ein Entwicklungsziel zur Optimierung ihrer arbeitsbezogenen Kompetenzen definieren und erreichen müssen, wird damit ein Beitrag zur Chancengleichheit in der Fort- und Weiterbildung geleistet.

Fazit

Im Interesse der Kundinnen und Kunden

Eine professionelle Haltung verlangt somit die Felder stereotyper Geschlechterrollen in der Organisation zu kennen und in die Beratung einzubeziehen. Eine Beratungsleistung, welche die Gender-Perspektive berücksichtigt, bringt eine weitere Leistungsdimension ein, unterstützt die Organisation in ihrer Entwicklung einer zeitgemässen Kultur und erbringt damit einen substanziellen Beitrag zur Zufriedenheit der Mitarbeitenden. Gleichzeitig fördert sie die Entwicklungsmöglichkeiten beider

Geschlechter in der Organisation und löst Impulse aus zur Gestaltung ihrer Kommunikation, ihrer Marktbearbeitung und – unter dem Stichwort Gender Budget – zu einem bewussten Umgang mit ihren finanziellen Ressourcen. Nicht zuletzt schützt gender-orientierte Beratung ihre Kundinnen und Kunden vor Klagen und Imageverlust.

Im Interesse der Fachkompetenz der Hochschule

Die Integration der Gender-Perspektive in die Beratung wird so zu einem Qualitätskriterium der Beratung selbst; das setzt entsprechende Kompetenzen der Beratenden voraus. Darunter verstehen wir als Grundlage fachliches Wissen. Dieses kann als rechtliches, historisch-kulturelles und disziplinäres Fachwissen bezeichnet werden, nämlich Kenntnis der rechtlichen Vorgaben, Kenntnis der Felder, in denen kulturell und traditionell Diskriminierungen und Stereotypisierungen stattfinden, und schliesslich Kenntnis der bestehenden Analyse- und Umsetzungsinstrumente. Die Nähe der Beratung zur Forschung an der Hochschule ermöglicht ihr, aktuelle Forschungsergebnisse zu berücksichtigt und in ihrer Arbeit mit der Praxis wiederum Forschungsfragen zu generieren.

Zum fachlichen Wissen hinzu gehört die Sensibilisierung und mit ihr die Einstellung: Halten wir nach wie vor am Mythos der geschlechtsneutralen Organisationen und geschlechtsneutralen Wissenschaft fest, bleibt eine mögliche Entwicklungsperspektive stehen. Die Reflexion von gender-bezogenen Färbungen und Stereotypisierungen in Wissenschaft und Beratung hingegen stellt vieles infrage, sowohl auf der Ebene der Organisation wie auch persönlich für die Beteiligten. Einiges aus dem fachlichen Rucksack wird mit dieser Perspektive nicht mehr als zeitgemäss empfunden, und nicht immer gibt es dafür bereits entsprechenden Ersatz. Deshalb ist die Präzisierung der Qualitätskriterien im Hinblick auf eine gender-kompetente Beratung ein wesentlicher Beitrag, den die Fachhochschule für die Aktualisierung und Weiterentwicklung der professionellen Diskussion zur Beratung, zu ihren Ansätzen und Instrumenten leisten kann.

Literatur

Acker, Joan (1991): Hierarchies, Jobs, Bodies: A Theory of Gendered Organizations, in: Lorber, Judith/Farrell, Susan (Hrsg.): The Social Construction of Gender, Newbury Park, Sage, 162–179.

Amstutz, Nathalie/Müller, Catherine (2008): Diversity Management, in: Steiger, Thomas M./Lippmann, Eric (Hrsg.): Handbuch angewandte Psychologie für Führungskräfte: Führungskompetenz und Führungswissen, Heidelberg, Springer, 359–380.

Aretz, Hans-Jürgen/Hansen, Katrin (2003): Erfolgreiches Management von Diversity. Die multikulturelle Organisation als Strategie zur Verbesserung einer nachhaltigen Wettbewerbsfähigkeit, in: Zeitschrift für Personalforschung, 17, 1, 9–36.

Babitsch, Birgit (2005): Soziale Ungleichheit, Geschlecht und Gesundheit, Bern, Hans Huber.

Baer, Susanne/Englert, Dietrich (Hrsg.) (2006): Gender-Mainstreaming in der Personalentwicklung. Diskriminierungsfreie Leistungsbewertung im öffentlichen Dienst, Bielefeld, Kleine Verlag.

Barben, Marie-Louise/Ryter, Elisabeth (2003a): Handbuch zur Gleichstellung. Gleichstellung als Qualitätskriterium an Fachhochschulen, Brugg, Fachhochschule Nordwestschweiz.

Barben, Marie-Louise/Ryter, Elisabeth (2003b): Mehr Dozentinnen an die Fachhochschulen, Bern, 3. BBT-Fachtagung.

Baur, Esther/Marti, Madeleine (2000): Kurs auf Gender-Kompetenz. Ein Leitfaden für eine geschlechtergerechte Didaktik in der Erwachsenenbildung, Gleichstellungsbüro Basel-Stadt (Hrsg.), Basel, Gleichstellungsbüro.

Bendl, Regine/Hanappi-Egger, Edeltraud/Hofmann, Roswitha (Hrsg.) (2004): Interdisziplinäres Gender- und Diversitätsmanagement, Wien, Linde Verlag.

Bildungskommission NRW (1995): Zukunft der Bildung – Schule der Zukunft. Denkschrift der Kommission „Zukunft der Bildung – Schule der Zukunft" beim Ministerpräsidenten des Landes Nordrhein-Westfalen, Neuwied, Luchterhand-Verlag.

Blickhäuser, Angelika (2002): Beispiele zur Umsetzung von Geschlechterdemokratie und Gender Mainstreaming in Organisationen, Heinrich-Böll-Stiftung (Hrsg.), Berlin, Druckhaus Köthen.

Blickhäuser, Angelika/von Bargen, Henning (2006): Mehr Qualität durch Gender-Kompetenz. Ein Wegweiser für Training und Beratung im Gender Mainstreaming, Heinrich-Böll-Stiftung (Hrsg.), Königstein/Taunus, Helmer.

Blickhäuser, Angelika/von Bargen, Henning (2003): Wege zu Gender-Kompetenz. Gender Mainstreaming mit Gender Training umsetzen, Heinrich-Böll-Stiftung (Hrsg.), siehe http://www.boell.de/alt/downloads/gd/BroschuereGendertraining.pdf.

Brückner, Margrit (1998): Wenn Forschende und Beforschte ein Geschlecht haben: epistemologische, theoretische und methodologische Überlegungen, in: Sozialwissenschaftliche Literatur Rundschau 36, 55–69.

Buchinger, Kurt/Klinkhammer, Monika (2007): Beratungskompetenz. Supervision, Coaching, Organisationsberatung, Stuttgart, Kohlhammer.

Bührer, Susanne/Lukoschat, Helga (Hrsg.) (2006): Gender als Innovationspotenzial in Forschung und Entwicklung, Fraunhofer-Institut für System- und Innovationsforschung ISI, Karlsruhe, Fraunhofer IRB Verlag.

Bührer, Susanne/Schraudner, Martina (Hrsg.) (2006): Wie können Gender-Aspekte in Forschungsvorhaben erkannt und bewertet werden? Fraunhofer-Institut für System- und Innovationsforschung ISI, Karlsruhe, Fraunhofer IRB Verlag.

Büssing, André (2007): Organisationsdiagnose, in: Schuler, Heinz (Hrsg): Lehrbuch Organisationspsychologie, Bern, Hans Huber, 557–559.

Curdes, Beate/Jahnke-Klein, Sylvia/Langfeld, Barbara/Pieper-Seier Irene (2003): Attribution von Erfolg und Misserfolg bei Mathematikstudierenden: Ergebnisse einer quantitativen empirischen Untersuchung, in: Journal für Mathematik-Didaktik, Heft 1, 3–17.

Doblhofer, Doris/Küng, Zita (2008): Gender Mainstreaming. Gleichstellungsmanagement als Erfolgsfaktor – das Praxishandbuch, Heidelberg, Springer Medizin Verlag.

Döge, Peter (2006): Vom Entweder-Oder zum Sowohl-Als-Auch. Wissenschafts- und Technikkulturen jenseits der Geschlechterpolarität, in: Dudeck, Anne/Jansen-Schulz, Bettina (Hrsg.): Hochschuldidaktik und Fachkulturen. Gender als didaktisches Prinzip, Bielefeld, UVW UniversitätsVerlagWebler, 47–55.

Dohmen, Dieter/Himpele, Klemens (2007): Struktur- und Exzellenzbildung durch Hochschulen in den Neuen Bundesländern, Abschlussbericht eines Projekts im Rahmen des Forschungsprogramms Aufbau Ost, Berlin, Forschungsinstitut für Bildungs- und Sozialökonomie (FiBS-Forum Nr. 39).

Dudeck, Anne/Jansen-Schulz, Bettina (Hrsg.) (2007): Zukunft Bologna? Gender und Nachhaltigkeit als Leitideen für eine neue Hochschulkultur, Frankfurt/Main, Peter Lang.

Dupuis, Monique (2008): Gender Studies: Die Schweiz im europäischen Kontext, in: Liebig, Brigitte/Dupuis, Monique/Ballmer-Cao, Thanh Huyen/Maihofer, Andrea (Hrsg.): Gender Studies in der Ausbildung und in der Arbeitswelt. Das Beispiel Schweiz, Zürich, Seismo (im Druck).

Eichler, Margrit (1998): Offener und verdeckter Sexismus. Methodisch-methodologische Anmerkungen zur Gesundheitsforschung, in: Arbeitskreis Frauen und Gesundheit im Norddeutschen Forschungsverbund Public Health. Frauen und Gesundheit(en) in Wissenschaft, Praxis und Politik, Bern, Hans Huber, 34–49.

Erpenbeck, John/von Rosenstiel, Lutz (Hrsg.) (2003): Handbuch Kompetenzmessung. Erkennen, verstehen und bewerten von Kompetenzen in der betrieblichen, pädagogischen und psychologischen Praxis, Stuttgart, Schäffer-Poeschel Verlag.

European Commission, Directorate General for Research (2006): Women in Science and Technology. The Business Perspective, Bruxelles, Office for Official Publications of the European Communities.

European Commission, Directorate General for Research (2004): Gender and Excellence in the Making, Bruxelles, Office for Official Publications of the European Communities.

Fachhochschule Nordwestschweiz (2006): Leitfaden für die sprachliche Gleichstellung, siehe online: http://www.fhnw.ch/ueber-uns/gleichstellung/download.

FHNW-HST (2006): Berufsbild Bachelor Maschinenbau. Fachhochschule Nordwestschweiz, Hochschule für Technik, Standort Windisch, Unterlagen Fachbeirat Studiengang Maschinenbau, 15.05.2006.

Gebert, Diether (2007): Organisationsentwicklung, in: Schuler, Heinz (Hrsg.): Lehrbuch Organisationspsychologie, Bern, Hans Huber, 601–616.

Gindl, Michaela/Hefler, Günter/Helmer, Silvia (2007): Grundlagen der Gendersensibilität in der Lehre. Leitfaden für gendersensible Didaktik, Frauen Stadt Wien, siehe online http://www.wien.gv.at/menschen/frauen/pdf/leitfaden-didaktik-teil1.pdf.

Goetz, Anne Marie (Hrsg.) (1997): Getting Institutions Right for Women in Development, London, Zed Books.

Greif, Moniko (1990): (Militär)Technik, Macht und Männlichkeit oder: Der Krieg ist der Vater aller Dinge, in: Janshen, Doris (Hrsg.): Hat die Technik ein Geschlecht? Berlin, Orlanda Frauenverlag, 53–56.

Grote, Sven/Kauffeld, Simone/Frieling, Ekkehard (Hrsg.) (2006): Kompetenzmanagement. Grundlagen und Praxisbeispiele, Stuttgart, Schäffer-Poeschel Verlag.

Hollstein, Walter (2004): Geschlechterdemokratie, Männer und Frauen: Besser miteinander leben, Wiesbaden, Verlag für Sozialwissenschaften.

Hutter, Jörg (2004): Kompetenzfeststellung. Verfahren zur Kompetenzfeststellung junger Menschen. Expertise, Bonn, siehe http://www.goodpractice.de/expertise_kompetenzfeststellungen.pdf.

Kelly, George A. (1991): The Psychology of Personal Constructs. Vol. 1: A Theory of Personality (Reprint, orig. Norton, New York, 1955), London/New York, Routledge.

KFH, Rektorenkonferenz der Fachhochschulen der Schweiz (2005, revidiert 2008): Grundsatzpapier Forschung & Entwicklung an Fachhochschulen, siehe http://www.kfh.ch/uploads/empf/doku/Grundsatzpapier%20dt%20ergaenztund%20angepasst.pdf.

KFH, Rektorenkonferenz der Fachhochschulen der Schweiz (2004a): Die Konzeption gestufter Studiengänge. Best Practice und Empfehlungen, siehe http://www.kfh.ch/uploads/empf/doku/Best_Practice%202dt.pdf.

KFH, Rektorenkonferenz der Fachhochschulen der Schweiz (2004b): Standards für die Gleichstellungsarbeit an den Fachhochschulen, siehe www.kfh.ch/uploads/empf/doku/Empfehlungen%20Gleichstellung%20Standards%20neu%20d.pdf.

KFH, Rektorenkonferenz der Fachhochschulen der Schweiz (2003): Abgrenzung Forschung & Entwicklung und Dienstleistung, siehe http://www.kfh.ch/index.cfm?nav=5&CFID=64938&CFTOKEN=47923160.

Koall, Iris/Bruchhagen, Verena/Höher, Friederike (Hrsg.) (2002): Vielfalt statt Lei(d)tkultur. Managing Gender & Diversity, Münster, Lit-Verlag.

Kohler, Jürgen (2004): Europäischer Qualifikationenrahmen (European Qualifications Framework), Aufsatz online publiziert siehe www.jointquality.nl/content/descriptors/AufsatzKohler-EuropeanQualificationFramework1.doc.

Krell, Gertraude (2008): Chancengleichheit durch Personalpolitik. Gleichstellung von Frauen und Männern in Unternehmen und Verwaltungen, 5. Auflage, Wiesbaden, Gabler.

Kuark, Julia K. (2000): Technikgestaltung – Lebensgestaltung als Expertin und als Anwenderin. Möglichkeiten und Beispiele für die aktive Gestaltung des beruflichen und privaten Umfelds, in: Soziale Technik 2/2000, 13–14.

Kuark, Julia K. (1997): Ingenieurinnen: Frauen in der männlichen Tradition des Ingenieurwesens, in: Hartmann, Corinna/Sanner, Ute (Hrsg.): Ingenieurinnen: Ein unverzichtbares Potential für die Gesellschaft, Berlin, HoHo Verlag, 47–59.

Kuark, Julia K./Faber, Monique (2001): Mit Überzeugung Ingenieurin werden – durch Ganzheitlichkeit, Kreativität, Flexibilität und Vorbilder, in: Neuhäuser-Metternich, Sylvia (Hrsg.): Kooperationen und Synergien im Ada-Lovelace-Mentorinnen-Netzwerk. Festschrift im Rahmen der Ada-Lovelace-Schriftenreihe anlässlich des 60. Geburtstages von Frau Prof.Dr. Elisabeth Sander, Koblenz, Ada-Lovelace-Schriftenreihe, Heft 6, 96–99.

Kuark, Julia K./Fleischmann, Irène (2000): Mentoring-Programme in den Natur- und Ingenieurwissenschaften: Ansätze für Projekte in der Schweiz, in: Leemann, Regula/Page, Julie (Hrsg.): Karriere von Akademikerinnen. Bedeutung des Mentoring als Instrument der Nachwuchsförderung, Dokumentation der Fachtagung am 27. März 1999 an der Universität Zürich, BBW-Schriftenreihe 2000/1d, Bern, Bundesamt für Bildung und Wissenschaft, 117–120.

Kunert-Zier, Margitta (2005): Gender-Kompetenz. Die Schlüsselqualifikation in der Sozialen Arbeit, in: Sozialmagazin, 30, 10, 21–28.

Lange, Ralf (2006): Gender-Kompetenz für das Change Management. Gender & Diversity als Erfolgsfaktoren für organisationales Lernen, Bern/Stuttgart/Wien, Haupt.

Leithäuser, Thomas/Volmerg, Birgit (1988): Psychoanalyse in der Sozialforschung. Eine Einführung am Beispiel einer Sozialpsychologie der Arbeit, Opladen, Westdeutscher Verlag.

Liebig, Brigitte (2007): Diversity Management, in: Maelicke, Bernd (Hrsg.): Lexikon der Sozialwirtschaft, Baden-Baden, Nomos, 256–257.

Liebig, Brigitte/Dupuis, Monique/Ballmer-Cao, Thanh-Huyen/Maihofer, Andrea (Hrsg.) (2008): Gender Studies in Ausbildung und Arbeitswelt. Das Beispiel Schweiz, Zürich, Seismo.

Manchen Spörri, Sylvia/Bolli-Schaffner, Ursula/Heimberg, Liliana (2007): Viewpoint. Frauen in technischen und wirtschaftlichen Ausbildungen, Impulse für die Chancengleichheit. Sensibilisierungsfilm mit Informationen und Material für den Einsatz in der Ausbildung, Lengerich, Pabst Science Publishers.

Metz-Göckel, Sigrid/Roloff, Christine (2002): Gender-Kompetenz als Schlüsselqualifikation, in: Journal Hochschuldidaktik (1), 4–8, siehe www.medien-bildung.net/pdf/themen_seiten/metz_goeckel_roloff.pdf.

Müller, Barbara/Obexer, Gabriela/von Salis, Katharina (2007): Wer sind die Besten? Chancengleichheit in Berufungsverfahren, Tagung vom 23. März 2006 an der Universität Luzern, SBF, Staatssekretariat für Bildung und Forschung (Hrsg.), Bern.

Müller, Catherine/Sander, Gudrun (2005): Gleichstellungs-Controlling. Das Handbuch für die Arbeitswelt, Zürich, vdf Hochschulverlag.

Nägeli, Rudolf (2003): Konzepte zur Beschreibung und Begründung von Kompetenzen im Bildungsbereich. Einige analytische Überlegungen zu deren Bedeutung und „Gebrauchswert" für die schweizerischen Universitäten, CRUS, Rektorenkonferenz der Schweizer Universitäten, Generalsekretariat/Bologna-Koordination, siehe www.crus.ch/dms.php?id=3608.

Nideröst, Sibylle (2007): Männer, Körper und Gesundheit. Somatische Kultur und soziale Milieus bei Männern, Bern, Hans Huber.

Nideröst, Sibylle/Gredig, Daniel/Rickenbach, Martin/Eurosupport Study Group/Swiss HIV Cohort Study (2005): Eurosupport IV/Switzerland: Improving Psychosocial Support of Care-Givers living with HIV and their Children, Brugg, Fachhochschule Aargau.

Osterloh, Margit/Wübker, Sigrid (1999): Wettbewerbsfähiger durch Prozess- und Wissensmanagement. Mit Chancengleichheit auf Erfolgskurs. Wiesbaden, Gabler.

Pasero, Ursula/Braun, Friederike (Hrsg.)(2000): Konstruktion von Geschlecht, Herbolzheim, Centaurus.

Reuter, Julia/Vedder, Günther/Liebig, Brigitte (Hrsg.) (2008): Professor mit Kind. Erfahrungsberichte von Wissenschaftlern, Frankfurt/Main, Campus Verlag.

Rychen, Dominique Simone/Salganik, Laura (Hrsg.) (2005): Definition und Auswahl von Schlüsselkompetenzen – Zusammenfassung, siehe http://www.oecd.org/dataoecd/36/56/35693281.pdf.

Rychen, Dominique Simone/Salganik, Laura (Hrsg.) (2001): Defining and Selecting Key Competences, Göttingen, Hogrefe & Huber.

Schmidbauer, Marianne (2004): Schlüsselqualifikationen durch Gender Studies. Ergebnisse der Studie: Employment and Women's Studies, in: Zentrum für transdisziplinäre Geschlechterstudien an der Humboldt-Universität zu Berlin (Hrsg.): Geschlechterstudien im deutschsprachigen Raum. Studiengänge, Erfahrungen, Herausforderungen, Berlin, trafo Verlag.

Schneider, Barbara (2007): Weibliche Führungskräfte – die Ausnahme im Management, Frankfurt/Main, Peter Lang.

Schulz, Hans-Rudolf/Freiburghaus, Ruth (2005): Evaluation Gleichstellung an der FHNW 2005. Zusammenfassung des Schlussberichts, in: Fachhochschule Nordwestschweiz, G-INFO 2005/3.

Streuli, Elisa (2005): Mit Biss und Bravour. Lebenswege von Topmanagerinnen, Zürich, Orell Füssli.

Tatschmurat, Carmen (2004): Gender Troubles in der Beratung, in: Nestmann, Frank/Engel, Frank/Sickendiek, Ursel (Hrsg.): Das Handbuch der Beratung. Band 1, Disziplinen und Zugänge, Tübingen, dgvt Verlag, 231–243.

Thiessen, Barbara (2005): Inter- und Transdisziplinarität als Teil beruflicher Handlungskompetenzen. Gender Studies als Übersetzungswissen, in: Kahlert, Heike/Thiessen, Barbara/Weller, Ines (Hrsg.): Quer denken –

Strukturen verändern. Gender Studies zwischen Disziplinen, Wiesbaden, VS Verlag für Sozialwissenschaften, 249–273.

Vonken, Matthias (2005): Handlung und Kompetenz. Theoretische Perspektiven für die Erwachsenen- und Berufspädagogik, Wiesbaden, Verlag für Sozialwissenschaften.

Weinert, Franz E. (2001): Vergleichende Leistungsmessung in Schulen – eine umstrittene Selbstverständlichkeit, in: Weinert, Franz E. (Hrsg.): Leistungsmessung in Schulen, Weinheim/Basel, Beltz-Verlag, 17–32.

Welpe, Ingelore/Schmeck, Marike (2005): Kompaktwissen Gender in Organisationen, Frankfurt/Main, Peter Lang.

Welpe, Ingelore/Welpe, Isabell (2003): Frauen sind besser – Männer auch. Das Gender Management, Wien, Signum Wirtschaftsverlag.

West, Candace/Zimmerman, Don (1987): Doing Gender, in: Gender & Society, 1, 2, 125–151.

Wilz, Sylvia Marlene (2002): Organisation und Geschlecht – strukturelle Bindungen und kontingente Kopplungen, Opladen, Leske und Budrich.

Winker, Gabriele/Wolffram, Andrea (2005): Technikhaltungen von Studentinnen und Studenten in Zukunftstechnologien, in: Steinbrenner, Diana/Kajatin, Claudia/Mertens, Eva-Maria (Hrsg.): Naturwissenschaften und Technik – (k)eine Männersache. Aktuelle Studien und Projekte zur Förderung des weiblichen Nachwuchses in Naturwissenschaft, Rostock, Ingo Koch Verlag, 161–174.

Wolffram, Andrea (2003): Frauen im Technikstudium: Belastungen und Bewältigung in sozialen Studiensituationen, Münster, Waxmann.

Zwahlen, Marcel/Gebhardt, Martin/Rickenbach, Martin/Egger, Matthias (2004): Die Schweizerische HIV Kohorten Studie – Ressource für Epidemiologie und Prävention, in: Therapeutische Umschau, 61, 10, 593–598.

Materialien

Botschaft zur Änderung des Fachhochschulgesetzes 2003, BBl 2004, 145–174.

Botschaft des Bundesrates zu einem Bundesgesetz über die Fachhochschulen (Fachhochschulgesetz, FHSG), BBl 1994 III, 789–875.

Bundesverfassung der Schweizerischen Eidgenossenschaft vom 18. April 1999, SR 101.

Bundesgesetz vom 6. Oktober 1995 über die Fachhochschulen (Fachhochschulgesetz, FHSG), SR 414.71.

Bundesgesetz vom 24. März 1995 über die Gleichstellung von Frau und Mann (Gleichstellungsgesetz, GlG), SR 151.1.

Verordnung vom 11. September 1996 über Aufbau und Führung von Fachhochschulen (Fachhochschulverordnung, FHSV), SR 414.711.

Zu den AutorInnen und Herausgeberinnen

AMSTUTZ, NATHALIE, Prof. Dr. phil., studierte Germanistik, Romanistik, Kunstgeschichte und Soziologie an der Universität Basel und war als Assistentin an der Universität Lausanne tätig, wo sie promovierte. Sie ist seit 2000 Dozentin am Institut für Personalmanagement und Organisation der Fachhochschule Nordwestschweiz und arbeitet zu den Schwerpunkten Gender und Diversity Management als Organisationsentwicklungsansätze in der Lehre, in Forschung und Beratung. Sie hat zudem ein Mandat als Gleichstellungsfachperson an der Hochschule für Wirtschaft. Sie lebt mit ihrer Familie in Basel.

DERBOVEN, WIBKE, Dipl.-Ing., ist wissenschaftliche Mitarbeiterin an der TU Hamburg-Harburg im Arbeitsbereich Arbeit-Gender-Technik. Ihre beruflichen Interessens- und Handlungsschwerpunkte liegen in den Themenfeldern Mitarbeiterpartizipation, Wissensmanagement sowie individuelles und organisationales Lernen.

DUPUIS, MONIQUE, lic. phil., studierte Soziologie, Ökonomie und Geschichte an der Universität Zürich und der FU Berlin. Seit 1994 arbeitet sie in Zürich als selbstständige Soziologin. Sie führte empirische Studien zur Situation der Frauen auf dem Arbeitsmarkt und an den Hochschulen durch und war beteiligt an NFP-Projekten: zur sexuellen Belästigung 1998, zur Informatikausbildung 2003, zu Gender Studies 2006. Parallel zu ihrer Forschungstätigkeit arbeitet sie Teilzeit an der ETH Zürich und seit 2008 an der Universität Zürich als Mobilitätskoordinatorin und wissenschaftliche Mitarbeiterin.

FREIBURGHAUS, RUTH, MA in Librarianship (USA), dipl. Erwachsenenbildnerin, Nachdiplomstudium Unternehmensentwicklung SNU. Als Gleichstellungsbeauftragte der Fachhochschule Nordwestschweiz von 2001 bis 2007 war sie verantwortlich für das Projekt ‚Gleichstellung als Qualitätskriterium an Fachhochschulen' und damit für das ‚Handbuch zur Gleichstellung' (2003) sowie den ‚Leitfaden für die sprachliche Gleichstellung'

(2. Auflage 2006). Grundlage ihrer Tätigkeit an der FHNW war die Perspektive der Gleichstellung als Unternehmensentwicklung.

KUARK, JULIA K., Dr. sc. techn., studierte Maschinenbau an der Stanford University, Kalifornien, und Mechatronik im Nachdiplom an der ETH Zürich. 1996 promovierte sie am Institut für Arbeitspsychologie der ETH Zürich über soziotechnische Entwicklungen im Produktionsbereich. Seit 1997 ist sie Geschäftsführerin von JKK Consulting für Organisationsberatung, Projekte, Ausbildung und Coaching mit Sitz in Lenzburg. Sie ist zudem Dozentin für Sozialkompetenz und Gender Management mit zahlreichen Publikationen und Entwicklerin des erfolgreich erprobten Modells *TopSharing*. Sie lebt in Staufen (AG).

LIEBIG, BRIGITTE, Prof. Dr. phil., studierte Psychologie, Soziologie und Ethnologie an den Universitäten Frankfurt/Main, Zürich und der FU Berlin. Seit 1993 mit Forschung im Bereich Gender Studies befasst promovierte sie 1997 mit einem Beitrag zu Geschlechterverhältnissen in politischen und wirtschaftlichen Eliten der Schweiz. Neben Forschung & Lehre an der Fachhochschule Nordwestschweiz (seit 2004) nimmt sie Gastprofessuren zu Gender Studies im Ausland wahr. Schwerpunkte ihrer aktuellen Arbeit bilden Organisations-, Bildungs- und Arbeitsmarktforschung. Mit ihrer Familie lebt sie in Zürich.

NIDERÖST, SIBYLLE, Dr. phil., studierte Soziologie, Sozialpädagogik und Allgemeines Staatsrecht an der Universität Zürich. 2007 promovierte sie an der Universität Zürich mit einer empirischen Arbeit zum Zusammenhang von sozialen Milieus und dem Gesundheitsverhalten von Männern. Seit 2002 ist sie als wissenschaftliche Mitarbeiterin an der Fachhochschule Nordwestschweiz, Hochschule für Soziale Arbeit, tätig und realisierte diverse Forschungsprojekte im Bereich der sozialwissenschaftlichen HIV-Forschung. Seit 2004 führt sie im Auftrag des BAG das Forschungsnetzwerk Gender Health.

MEYERHOFER, URSULA, Dr. phil., studierte Neuere Geschichts- und Literaturwissenschaft an der FU Berlin und promovierte 1999 zum schweizerischen Nationsverständnis im frühen 19. Jahrhundert. 2000–2007 war sie Projektleiterin Mentoring, Geschäftsführerin der Gleichstellungskommission und stellvertretende Abteilungsleiterin an der UniFrauenstelle – Gleichstellung von Frau und Mann der Universität Zürich. Seit 2007 ist sie im Stab des Direktionspräsidenten der Fachhochschule Nordwestschweiz (FHNW) Leiterin Gleichstellung. Berufsbegleitend absolviert sie einen Executive Master of Public Administration (MPA) an der Universität Bern.

OCHSENBEIN, GUY, Prof. Dr. phil., studierte Sozialpsychologie und Biologie an der Universität Bern und bildete sich parallel zum Verhaltenstherapeuten aus. Während seiner Anstellung als Personalentwickler des Kantons Freiburg wirkte er im Auftrag des Staatsrates als Ansprechpartner und Vertrauensperson für Probleme im Umfeld der Diskriminierung. Heute leitet er das Institut für Personalmanagement und Organisation an der Fachhochschule Nordwestschweiz. Er lebt in fester Beziehung, ist unverheiratet und kinderlos.

PEPCHINSKI, MARY, Prof. Dr. Ing., studierte Kunst (Cornell University), Kunstgeschichte (Banard College, Columbia University) und Architektur (Columbia University). 2004 promovierte sie zum Thema Architektur und Gender Studies an der Hochschule der Künste Berlin. 1988–1992 war sie Assistenzprofessorin an der TU Berlin. Seit 1993 ist sie Professorin an der Hochschule für Technik und Wirtschaft Dresden, wo sie 2001–2006 auch als Gleichstellungsbeauftragte tätig war. 2004 übte sie eine Gastprofessur für Frauenforschung und Gender Studies an der TU Graz aus. Seit 1993 publiziert sie zum Thema Gender und Architektur.

ROSENKRANZ-FALLEGGER, EDITH, lic. phil., studierte Politikwissenschaft, Staatsrecht und Volkskunde. Seit September 2008 arbeitet sie im Bundesamt für Berufsbildung und Technologie. 2007–2008 war sie wissenschaftliche Mitarbeiterin an der Fachhochschule Nordwestschweiz und seit Herbst 2007 ist sie dort Lehrbeauftragte. 2002 wirkte sie beim Urner Frauenbuchprojekt ‚Weggefährtinnen' und 2001 im NFP-Projekt ‚Public Relations der öffentlichen Hand' an der Universität Zürich mit. 1996–2008 engagierte sie sich im Urner Kantonsparlament. Sie hat zwei erwachsene Töchter und lebt mit ihrem Mann in Altdorf und Bern.

WINKER, GABRIELE, Dr., ist Professorin für Arbeitswissenschaft und Gender Studies an der Technischen Universität Hamburg-Harburg und Leiterin des Arbeitsbereichs Arbeit-Gender-Technik. Ihr Interesse gilt feministischen, intersektionalen und polit-ökonomischen Theorieansätzen. Empirisch arbeitet sie im Bereich der Arbeits- und Techniksoziologie. Sie ist Mitbegründerin des Feministischen Instituts Hamburg (www.feministisches-institut.de).

Wolffram, Andrea, Dr. phil., studierte Soziologie, Politologie und Pädagogik an den Universitäten Regensburg und Hannover. 2003 promovierte sie an der TU Braunschweig zu Studienbelastungen von Ingenieurstudentinnen. Bis Februar 2008 war sie wissenschaftliche Mitarbeiterin an der TU Hamburg-Harburg. Seit März 2008 ist sie stellvertretende Leiterin der Stabsstelle ‚Integration Team – Gender and Diversity Management' an der RWTH Aachen. Ihre Schwerpunkte liegen in der Hochschulforschung (Ingenieurwissenschaften) sowie in den Gender Technology Studies.